Vente "Chadenat"
mars 1950
Fr. 200.000

RELATION DU VOYAGE DES DAMES RELIGIEUSES URSULINES DE ROÜEN, A LA NOUVELLE ORLEANS,

Parties de France le 22. Février 1727. & arrivez à la Louisienne le 23. Juillet de la même année.

A ROUEN;
Chez ANTOINE LE PREVOST, ruë Saint Vivien.

M. DCC. XXVIII.
Avec Approbation & Permission.

RELATION DU VOYAGE DES DAMES RELIGIEUSES URSULINES DE ROUEN, A LA NOUVELLE ORLEANS,

Parties de France le 22. Février 1727. & arrivez à la Louisienne le 23. Juillet de la même année.

LETTRE

A l'Orient, ce 22. de Février 1727.

ON CHER PERE,

J'ai reçû toutes les Lettres que vous m'avez fait l'honneur de m'écrire, vous me demandez un détail exact de tout ce qui s'est passé dans nôtre route, c'est un effet de vôt bonté de vous interresser à ce q nous regarde. Il est juste de cont ter vos desirs pour vous satisfai Voici un espéce de Journal de tre marche depuis Roüen jusqu'à l' rient, Ville Maritime de Basse-B tagne proche le Port-Loüis.

Vous le savez, mon cher Pere, je croi avoir déja eu l'avantage vous le mander, c'est le Révér Pere de Beaubois de la Compag de Jesus, qui a formé le noble p jet de nôtre établissement à la n velle Orleans, ce Missionnaire plein de zéle, & de sagesse; vous sçauriez croire combien il a eu d'o stacles à surmonter pour faire réu son entreprise; il en est cependa heureusement venu à bout avec secours du Ciel.

Vous sçavez encore, mon ch Pere, que nos Révérendes M *je veux dire Madame Tranchep* choisie pour être la Supérieur, M dame Jude pour Mere Assistante, Madame le Boullenger pour Dépo taire, se rendirent à Paris long te avant nous pour contracter au n de notre petite Communauté

Messieurs de la Compagnie des Indes, ces Messieurs trés-zélez pour la Religion, en ont usé avec nous de la maniere du monde la plus gratieuse, la fondation nous paroît également solide & avantageuse.

Les affaires qui concernent nôtre établissement, étant réglées à Paris, nôtre Révérende Mere Supérieure en partit avec ses deux chéres Compagnes pour se rendre à Hennebon, il convenoit de prendre des mesures avec le Révérend Pere de Beaubois l'habille conducteur de toute cette entreprise, ce Révérend Pere étoit à Hennebon, Ville peu éloignée de l'Orient, où il attendoit le départ d'un Vaisseau qui devoit incessamment mettre à la voile, nos Révérendes Meres eurent le bonheur de l'y trouver, mais elles ne pûrent conférer avec lui que pendant peu de jours; ce Révérend Pere fut obligé de s'embarquer, il méne avec lui une bonne recrüe de fameux Missionnaire, je les crois à present être bien prés de la Louisienne, pays fortuné aprés lequel je soûpire comme aprés la Terre de promission, je voudrois de tout mon cœur être déja dans le Monaſtére qu'on nous y bâtit.

Vers le dix-huit d'Octobre 172[illegible] nous reçûmes ordre de nous ren[illegible] à Paris, le jour de nôtre départ [illegible] fixé au vingt quatre du même mo[illegible] ſi je parus vous quitter, mon ch[illegible] Pere, ma chere Mere, & toute [illegible] famille, d'un œil ſec, & même av[illegible] joye, mon cœur n'en ſouffroit p[illegible] moins, je vous avouërai que [illegible] éprouvé dans ces derniers mome[illegible] de rudes combats, mais enfin le ſa[illegible] crifice eſt fait, & je me ſçais bo[illegible] gré d'avoir obéï au ſouverain ma[illegible] tre de notre deſtinée, il n'eſt poi[illegible] néceſſaire de vous répéter toutes [illegible] marques d'amitié que j'ai reçu[illegible] des Dames Religieuſes Urſulines [illegible] Roüen, & en particulier des Da[illegible] mes de Vigneral & de Lamberville[illegible] qui ſont à la tête de cette aimable [illegible] illuſtre Communauté, il me ſuf[illegible] de vous aſſurer que je n'en perdr[illegible] jamais le ſouvenir, ici va comme[illegible] cer notre Journal, ſi je ne vous di[illegible] rien capable de piquer la curioſit[illegible] j'aurai du moins le mérite de l'o[illegible] béïſſance, vous voulez du détail, [illegible] tâcherai de ne rien omettre.

Le Jeudi vingt-quatre Octob[illegible]

1726. je partis de Roüen dans le Carosse de Paris, j'avois pour compagne ou plûtôt pour conductrices deux Dames Religieuses Ursulines, qui devoient faire une partie de la nouvelle Communauté, l'une étoit la Mere de Saint François Xavier Religieuse Ursuline du Havre, l'autre étoit Madame Cavelier de Roüen Religieuse Ursuline d'Elbeuf, toutes deux d'un caractére assez différent, cependant toutes deux d'un aimable commerce, nous dinâmes à Fleury, & nous fûmes coucher à Saint Clair, nous y arrivâmes trés-tard, les chemins étoient si mauvais que nous fûmes contraints de faire plus de deux lieuës de nuit, je vous avouërai que j'eus grande peur de marcher si long-tems au milieu des plus épaisses ténébres.

Le lendemain vingt-cinq nous passâmes par Magny, Monsieur le Confesseur des Dames Ursulines de cette Ville nous arrêta de la part de Madame la Supérieure, nous montâmes au parloir pour la saluer, nous y trouvâmes un déjeuner bien aprêté, nous reçûmes de ces Dames mille honnêtetez, elles sont toutes gratieuses, notre Mere Supérie Madame Tranchepain, & Mada Jude ont demeuré dans cette M son plusieurs années, elles y fort estimées, c'est sans doute leur considération qu'on nous a tant d'amitiez, le soir nous co mes à Pontoise, nous logeâmes c les Dames Ursulines de cette Vi elles nous reçûrent & régalé trés-bien.

Nous passâmes le vingt-six Saint Denis, & nous arrivâm quatre heures à Paris à l'endroi s'arrête le Carosse, nous y trou mes la Touriere des Dames U lines de Saint Jacques qui no attendoit depuis neuf heures du tin, avec ordre de Madame la périeure de loüer un carosse, nous avions déja retenu un fia qui nous porta chez lesdites Da Ursulines de Saint Jacques, où fûmes reçûës on ne peut pas mie l'on nous donna à chacun un a tement, Madame la Supérieure la bonté de nous y conduire même.

Nous espérions ne rester à P que trés-peu de jours, mais le

vérend Pere d'Avangour, Procureur de la Miſſion du Canada & de la Louiſienne, nous dit que nous y reſterions plus d'un mois, que notre embarquement étant déſigné à l'Orient, & le Bâtiment qui nous devoit porter à la Louiſienne n'étant pas encore en état, il étoit plus à propos de reſter à Paris qu'à l'Orient, où nous aurions le tems de nous ennuyer, ce retardement me fit une vraye peine, je ne penſois nuit & jour qu'à notre Miſſion, cependant il fallut prendre patience, les bonnes manieres de toutes les Dames Urſulines avec leſquelles j'avois l'honneur d'être, adoucirent mes douleurs pendant notre ſéjour à Paris.

Elles ont eu mille & mille bontez pour nous, Madame de Saint Amand la Supérieure, Dame d'un mérite infini, nous a fait preſent de livres qui ſeront néceſſaires à notre Communauté, & elle a eu la bonté de vouloir bien ſe charger de nos commiſſions, quand nous aurons beſoin de faire venir à la Louiſienne quelque choſe de France: Je vous aſſure, mon cher Pere, que j'ai reçû de la part de toutes ces Dam les marques de la plus sincére ami tié, je ne vous dirai point que da ce Paradis Terrestre j'ai été ten & que la tentation a été des pl délicates, mais le Seigneur m'a s tenuë, fortifiée de sa grace, préféré le sejour de la Nouve Orleans à celui de Paris; je vo avouërai seulement qu'au, mome de la séparation il y a eu de pa & d'autres bien des larmes rép dues, j'ai éprouvé que j'étois attachée, & que sans peine je serois accoutumée dans cette agr ble maison; mais, mon cher Pe quand Dieu parle il faut obéir ci- doit être secret, je me rec nois tout-à-fait indigne de l'h neur que ces Dames vouloient procurer en me recevant dans l illustre maison.

Il étoit incertain s'y partant Paris nous irions par Orleans & e suite sur la Loire pour nous re dre ici, lieu de notre embarque ment, ou si nous irions par la B tagne, mais il fut à la fin con que ce seroit par la Bretagne.

Nous partîmes de Paris ave

Révérend Pere Doutrelo & le Frere Crucy Jesuites, qui devoient venir avec nous à la Louisienne, le huit Décembre à cinq heures du matin, aprés avoir entendu la sainte Messe, recité les Prieres des voyageurs & déjeûné, le Carosse de Bretagne vint nous prendre à la porte du Convent, il nous en couta quarante livres par chaque personne pour nous porter jusqu'à Rennes, sans compter la nourriture.

De Paris nous fumes dîner à Versailles, on nous fit voir le magnifique Palais du Roi, il y a dequoi satisfaire la curiosité, j'eus souvent la pensée de fermer les yeux pour me mortifier, ce genre de mortification ne laisse pas de couter, le soir nous couchâmes à un Village appellé la queüe ; le lendemain neuf de Décembre nous dînâmes à Dreux, petite Ville assez peuplée, & fort jolie, le soir nous couchâmes à Bresolles.

Le dix nous dinâmes à Hodan, là nous trouvâmes un Cavalier de bonne mine qui suivoit nôtre même route, il voulut en payant quelque chose au cocher remplir la hui-

tiéme place de nôtre Carosse, po
disoit-il, passer le temps plus agr
blement avec une si aimable c
pagnie, nous ne le reçûmes pa
mieux, le Révérend Pere Do
lo, pour le dégouter de son d
lui fit entendre que nous av
trois heures de silence à garder
tin & soir, le Cavalier rép
que si nous ne voulions pas
ler, il s'entretiendroit avec le
re Crucy, mais quand il se fut
connoître nous vîmes bien que
aurions besoin de lui, qu'il fa
le ménager, qu'étant le Prél
de Mayenne où nos Caisses
lise & paquets devoient être vi
il pourroit nous sauver cette
te, qui cause toujours du ret
ment & de l'embaras, nous le
çûmes dont, il en usa avec n
avec beaucoup de politesse.

Le Révérend Pere Doutrelo
pria d'user de son autorité dan
Ville, pour empêcher l'ouvert
de nos Balots, il nous le pro
& nous tint parole, il eut l'hon
teté de se rendre au Bureau de
Douane, & rien ne fut visité, no
couchâmes à Mortagne, aprés av

passé un endroit assez dangereux où le Carosse de Caën à Paris avoit été volé il y avoit huit jours, les chemins commençoient à être trés mauvais.

Le onze nous dinâmas au Mesle & nous couchâmes à Allençon, je ne puis vous rien dire de cette Ville, nous y arrivâmes de nuit & nous en partîmes le lendemain douziéme avant le jour, il n'étoit pas encor trois heures du matin que nous étions déja en route, les chemins étoient si peu praticables qu'à peine avions nous fait une demie lieuë, qu'il fallut mettre pied à terre, nôtre Carosse embourssé parfaitement, les chartiers joignirent aux douze chevaux qui nous menoient vingt-deux boeufs pour tirer nôtre équipage d'un mauvais pas, nous ne l'attendions point, nous continuâmes nôtre chemin & fimes environ une lieuë à pied, nous avions trés froid, & nous ne trouvions pas de maisons où nous retirer, nous fûmes obligez de nous asseoir sur la terre, le Révérend Pere Doutrelo se mit sur une petite hauteur dans un bois voisin, là comme un

autre Saint Jean-Baptiste, nou-
hortoit à la penitence, dans le-
nous avions besoin de pati-
aprés nous être un peu rep-
nous reprîmes notre route &
fin nous eumes le bonheur de
ver une petite Chaumiére, da-
quelle il n'y avoit qu'une p-
femme couchée, ce ne fut
prés bien des supplications &
promesses qu'elle nous fit la
de nous ouvrir sa porte, elle
voit ny bois ny chandelle, il
fallut faire du feu avec du g-
à la lumiere duquel le Rév-
Pere dit son Bréviaire en atten-
le jour, nous ne manquâme-
de récompenser la charité de la-
ne femme.

Notre Carosse ne vint nous
joindre qu'à plus de dix heu-
nous ne pûmes faire ce jour-
quatre lieuës, presque toutes à
malgré la fatigue nous ne lai-
pas de rire souvent, il arriv-
temps en temps de petites av-
res qui nous divertissoient,
étions tous crotez jusqu'aux
les, les Voiles de nos deux M-
étoient mouchetez de terre d-

blanche, cela faisoit un effet des plus drôles, nous arrivâmes le soir à Majenne, Monsieur notre Président en nous quittant nous pressa fort de venir loger chez lui, nous ne crûmes pas devoir accepter ses offres toutes gratieuses qu'elles étoient, nous fumes à l'Auberge où nous ne restâmes pas long-tems sans nous coucher, car nous étions trés-lasses, j'oublie à vous dire que pendant la route nous ne gardâmes pas scrupuleusement nos six heures de silence. annoncée par le Révérend Pere Doutrelo.

Le treize nous fumes coucher à Laval, c'est une Ville fort jolie, il y a une Communauté d'Ursulines, mais nous ny fumes pas loger, il étoit trop tard & il ne convenoit pas de déranger une Communauté à heures induë, de plus nous devions partir le lendemain de grand matin, c'étoit un Dimanche, le Pere Doutrelo nous dit la Messe à la Paroisse qui est vis-àvis l'Auberge où nous étions logez, nous primes ensuite une tasse de Chocola pour nôtre déjeuner avant que de partir, toute la Ville étoit à la porte de nô-

tre Auberge pour nous voir mo-
ter en Caroſſe, quoi-qu'il to
fortement de la pluye, cela n'e
pêcha pas le peuple d'être dans
ruë depuis cinq heures du ma
juſqu'à huit à nous attendre, je
marqué en cette occaſion que
Habitans de cette Ville, ſont au
curieux qu'on l'eſt à Roüen p
ne rien voir de rare.

Nous allâmes ce jour-là dîne
Vitrel, le Frere Crucy fut dép
pour nous faire aprêter à mang
l'Auberge, pendant que nous a
ſaluer Madame la Supérieure
Urſulines de cette Ville, elle
le Pere Doutrelo pour un Prê
de l'Oratoire, nous la laiſſâmes d
cette penſée, ſon erreur nous a b
diverti; en voyage, mon cher P
on rit de tout, aprés une heure
converſation avec cette Dame
périeure, nous fumes dîner à l'A
berge & montâmes enſuite en C
roſſe, toute la Ville étoit enco
mouvement pour nous voir; vo
ne croyez peut-être pas que vo
fille dût un jour ainſi piquer la c
rioſité des Villes entiéres.

Ce jour-là quinze Décembre nou
co

couchâmes en un petit Village, où nous trouvâmes à l'Auberge deux Peres Capucins qui cherchoient à loger, notre Révérend Pere les invita à souper avec nous, on avoit envie de les bien régaler, mais on ne put avoir qu'une soupe au lait avec une omelette & quelque bagatelle pour dessert, si nous ne dépensâmes pas beaucoup nous rîmes bien en récompense, nous avons toujours été de trés-bonne humeur.

Enfin le Mardy seize nous arrivâmes à Rennes Ville Capitale de la Bretagne, les Dames Ursulines eurent la bonté d'envoier leur Touriere un quart de lieue au devant de nous, cette bonne sœur nous fit entrer chez un des principaux de la Ville pour nous chauffer, car il faisoit trés-froid, le maître de la maison nous reçut parfaitement bien, & nous vint conduire jusques dans un Carosse qui nous attendoit à la porte pour nous mener aux Ursulines.

Je ne puis vous dire toutes les honnêtetez que nous avons reçues de cette aimable Communauté, il étoit dix heures du matin qu nous y arrivâmes, & nous y re mes jusqu'au lendemain matin heures, pendant tout ce temps il point d'attentions, de gracieuse & d'amitiez dont l'on ne nous accablez de la part de ces Dame le Pere Doutrelo fit sa résidence Collége des Jésuites.

Plusieurs Révérends Peres d Collége nous firent l'honneu nous rendre visite au Parloir, nous engagérent à venir voir maison & leur Eglise, le Co de Rennes est mille fois plus que celui de Rouen, les Bâti en sont magnifiques & trés-com des, quoique l'Eglise soit trés le, je trouve cependant dans l' se du Collège de Rouen qu chose de plus frapant & de auguste, je donnerois aussi la férence au jardin du Collége notre bonne Ville, pendant nous visitions le Collége, & nous recevions bien des hon tez de la part des Révérends P qui le composent, le Frere G étoit occupé à faire mettre en les deux Chaises qu'il avoit arr pour continuer notre route, il vint nous prendre en Carosse & nous conduisit à la Messagerie le prix de ces Chaises étoit de vingt livres par tête pour nous porter en un jour de Rennes à Hennebon.

Nous fumes dîner à Hors & coucher à Hennebon, le Révérend Pere Doutrelo avoit envoyé devant son valet à cheval, pour nous annoncer à Madame Tranchepain, notre chére Supérieure de la Louisienne, elle demeuroit depuis quelque tems chez les Dames Ursulines de Hennebon, où elle nous attendoit, comme il étoit tard, cette sage Mere nous fit dire de coucher à l'Auberge pour ne pas déranger la Communauté où elle n'étoit pas maîtresse, & qu'elle envoyeroit le lendemain une Tourriere qui nous conduiroit au Monastére, nous obéimes sans peine à des ordres si raisonnables.

Le lendemain huit heures nous arrivâmes aux Ursulines, nôtre chére Supérieure nous reçut à bras ouverts, & nous fit mille & mille amitiez, la Supérieure de la maison, Dame d'un vray mérite, nous

reçut pareillement bien, ...
donner une Chambre au-de...
Pere Doutrelo, un jour apr...
tre arrivée je vis venir deux...
gieuses Ursulines de Pleherm...
duite par le Révérend Pere T...
Jesuite, Missionnaire de la...
lienne, nous en avons enco...
de Hennebon, ainsi notre ...
munauté est composée de hu...
ligieuses Professe, savoir M...
Tranchepain Supérieure, ...
mes Jude & Boulenger de la ...
de Rouen, de Madame de ...
François Xavier, de la mais...
Havre, de Madame Cavel...
la maison d'Elbeuf, de deux ...
de la maison de Plehermel, ...
ne Dame de la maison de H...
bon, il y a deux postulant...
Soeur le Massif venuë de T...
moi, & une Converse qui...
Soeur Françoise, en tout no...
mes onze, sans compter de...
vantes, il y a bien des Com...
tez en France, qui ne son...
nombreuses, mais je dout...
qu'il y en ait dont tous les ...
bres soient plus unis & plu...
tents de leur sort.

J'oublie à vous dire, mon cher Pere, que sur toute la route depuis Paris jusqu'à Hennebon, nous avons été presque toujours en guerre le Frere Crucy & moi, le Révérend Pere Davangour m'avoit chargée d'être sa Directrice, & Madame de saint Amand, Supérieure de saint Jacques, l'avoit chargé d'être mon Directeur, nous nous sommes acquitez de notre commission à merveille, de temps en temps nous nous disions avec franchise nos véritez, le tout se faisoit gayement, de mon naturel je ne suis pas mélancolique, le bon cher Frere ne l'est pas non plus, de fois à autre on rioit à nos dépens, mais étant les plus jeunes il nous convenoit de défrayer la Compagnie.

Les Révérends Peres Tartarin & Doutrelo, qui doivent faire le voyage avec nous, s'embarquérent le lendemain pour l'Orient afin de presser la charge du Vaisseau qui doit nous porter à la Louisienne, nous fumes témoins de l'embarquement, il se fit à la porte du Monastére que la Mer arrose, nous vimes ses deux Peres monter dans une jolie petite

barque, & nous leur souhait[illegible]
un bon voyage.

Nos Révérendes Meres avan[illegible]
partir de Roüen m'avoient acc[illegible]
deux graces. Premiérement [illegible]
mon Noviciat commenceroit du [illegible]
de mon départ de Roüen pou[illegible]
ris. Secondement, que je prend[illegible]
le Saint Habit de Religion à He[illegible]
bon ; ayant reçu mon extrait [illegible]
tistaire que vous avez eu la bo[illegible]
de m'envoyer, je fis ressouveni[illegible]
dame Tranchepain de sa prom[illegible]
elle m'écouta volontiers, & m[illegible]
tenuë fidellement, le Révérend [illegible]
Doutrelo se donna la peine d'[illegible]
à Vennes demander la permissi[illegible]
Monseigneur l'Evêque, ce P[illegible]
l'accorda sans difficulté la Cérd[illegible]
nie de ma Prise d'Habit se fit le[illegible]
neuf de Janvier 1727. avec be[illegible]
coup de solemnité, j'ai pris le [illegible]
de Saint Stanislas, Madame Tr[illegible]
chepain nôtre Supérieure [illegible]
toute la Communauté d'Henne[illegible]
le lendemain de ma Vêture, l'o[illegible]
donna le voile noir, que je con[illegible]
verai pendant tout le voyage.

D'Hennebon nous nous em[illegible]
quâmes dans un Carosse d'eau [illegible]

la mer, dans lequel Monsieur Morin, riche de Marchand l'Orient, eut la bonté de venir avec nos Révérends Peres pour nous prendre & nous amener ici, nous ne fumes nullement incommodez des deux lieuës que nous fimes sur mer, nous avons toujours logé chez ledit Sieur Morin, c'est un homme d'une grande politesse & d'un vrai mérite, nous lui avons bien des obligations, nous sommes chez lui presque aussi commodement que dans une Communauté, nous y avons une Chambre qui nous sert de Chœur, une autre de Refectoire, & plusieurs autres de Dortoirs.

Nos Révérends Peres menent avec eux un Menuisier, un Serrurier, & plusieurs autres ouvriers, pour nous mon cher Pere, n'en soyez pas scandalisé c'est la mode du païs, nous menons un Morre pour nous servir, nous menons aussi un fort joli petit chat, qui a voulu être de notre Communauté, supposant apparemment qu'il y a à la Louisienne comme en France, des souris, & des rats.

Je ne suis nullement fâchée des

bruits que l'on fait courir
Rouën, sur mon sujet, on
que je n'en suis point partie
qu'on m'y voit souvent, cela
glorieux d'être en même tems
deux Villes si éloignées l'une de
tre, je me souviens d'avoir lû
Vie de Saint François Xavier,
grand Apôtre des Indes & du
se trouvoit souvent tout à la
divers lieux, ce qui est regard
un trés-grand prodige, je ne
mon cher Pere, une assez
Sainte pour opérer de pareils
cles, je suis certainement
Rouen, mais à l'Orient, &
toujours trés-gaye & trés co
te dans ma vocation, bien
d'en remplir les devoirs le
qu'il me sera possible.

Il partit d'ici le deux de
un vaisseau pour Pontichery
te trois Révérends Peres
Missionnaires, avant leur dép
nous ont fait l'honneur de
nir voir & de dîner avec nous
sieurs fois, ils voulurent dét
la moitié de notre Commu
pour établir un Convent d'U
nes à Pontichery, mais le Rév

Pere Tartarin n'en a voulu donner aucune, nous avons la consolation d'être transportées dans un vaisseau, dont tous les principaux Officiers, nous paroissent de trés-honnêtes gens.

Nos Révérends Peres ne veulent point que nous disions nôtre, comme vous sçavez que l'on dit dans les Convents, parce que, disent-ils, au premier moment nous entendrions les Matelots s'en mocquer, & diroient notre soupe, notre bonnet, ainsi du reste, & il se trouve que depuis qu'ils nous l'ont deffendu, je ne sçaurois m'empêcher de le dire, & même jusques à dire notre nez, & le Pere Tartarin me dit souvent, ma Sœur levez notre tête, & le tout pour rire & nous distraire de nos fatigues.

Le Révérend Pere Tartarin dit, qu'il se moquera bien de nous si nous nous trouvons indisposées sur la mer aprés notre embarquement & nottamment de celle qui commencera, je souhaite être la premiere pour en être plûtôt quitte, & avoir le plaisir de rire des autres à mon tour.

L'on embarque dans notre [illegible] seau une quantité de Mouton[illegible] cinq cens Poulles, on n'a pas [illegible] comme vous le voyez, que [illegible] mourions de faim sur la rou[illegible]

Enfin, mon cher Pere, est [illegible] ce jour, ce grand jour, ce jou[illegible] desiré, pour notre départ, le [illegible] s'est rendu favorable, & l'on [illegible] avertit presentement, qu'il [illegible] nous embarquer dans une [illegible] re, je ne puis vous exprimer la [illegible] de toute notre Communauté, [illegible] la mienne elle seroit sans par[illegible] si elle n'étoit temperée par la [illegible] leur que je ressens en m'éloi[illegible] de vous, & de ma chere Mere [illegible] qui j'aurai toute ma vie la plus [illegible] reconnoissance, lors que je m[illegible] pelle toutes les bontez que vous [illegible] eûës pour moi, je ne puis [illegible] ne m'attendrisse, il n'y a que [illegible] seul dont j'entens & je suis la [illegible] qui puisse me séparer de parens [illegible] j'ai mille fois éprouvé la tendre[illegible] que j'embrasse maintenant de [illegible] cœur.

Nous allons tout presente[illegible] nous embarquer quoi que le [illegible] quets de Madame Cavelier & les miens, qu'on avoit envoyez par le Havre pour être transportez ici, ne soient pas encore arrivez, peut-être que le bon Dieu les ayant jugez superflus, aura permis qu'ils soient coulez au fond de la mer, que sa sainte volonté soit faite, s'ils viennent à bon port, on nous les envoyera dans un autre bâtiment.

Monsieur Morin à la bonté de venir avec un assez grand nombre des principaux Habitans de la Ville, nous conduire jusqu'à la premiere dînée trois lieuës sur mer, & ils reviendront ce soir dans une barque.

Je suis embarassée comment nous allons pouvoir monter dans notre Vaisseau, car il est trés-haut de bord, le Révérend Pere Tartarin dit qu'il nous fera mettre deux à deux dans une pouche, & qu'on nous guindera avec une poulie, comme l'on fait un ballot, mais notre Capitaine quoi que peu expérimenté dans la charge d'une telle Marchandise, nous assure qu'il nous fera monter plus commodément, à sçavoir assises dans un fauteüil l'un aprés l'autre.

Adieu mon trés-cher Pere, je vous supplie de me donner souv de vos chéres nouvelles, je n'ai au monde de plus cher, que v & ma chere Mere, soyez persua qu'il ne falloit pas moins, pour séparer de vos chéres personn que la gloire d'un Dieu, & le de ses pauvres Sauvages, mai vous assure que je ne serai sép de vous que de corps, je vous toûjours unie d'esprit & de c mais comme je ne puis rien de même, je m'adresse à celui qui seul vous combler de bénédiction le prie chaque jour, pour la co vation de vos santez, & la sanct tion de vos ames, je vous dema en grace de ne pas oublier une qui sera toute sa vie, avec le profond respect & la plus par reconnoissance,

MON TRES-CHER PERE,

Vôtre trés-humble & trés-obéi
Fille & servante HACH
de Saint Stanislas.

APPROBATION.

J'Ai lû par l'Ordre de Monsieur le Lieutenant Général de Police, *la Premiere Lettre d'une Dame Ursuline*: je n'y ai rien trouvé qui puisse en empêcher l'impression, à Roüen le 10. Juin 1728.

LE GROS.

Vû l'Approbation du Sieur le Gros, permis d'imprimer à Roüen, ce 10. *Juin* 1728.

DE HOUPEVILLE.

LETTRE

A LA NOUVELLE ORLEANS,

Ce vingt-septiéme Octobre 1727.

MON CHER PERE,

J'ai reçû l'honneur de la vôtre dattée du six Avril dernier, je l'ai reçûë le vingt de ce mois veüille de Sainte Ursulle sortant de retraite, jugez mon très-cher Pere, quelle fut ma joye d'apprendre de vos cheres nouvelles, de celles de ma chere Mere, & de toutes mes sœurs, vous avez dû recevoir deux de mes Lettres, l'une écrite la veüille de nôtre Embarquement à l'Orient Ville de basse Bretagne, & l'autre à la Caille Saint Loüis, un des Ports de l'Isle Saint Domingue, dans la premiere du vingt-deu[illegible] vrier 1727. Je vous marquois [illegible] ce qui s'étoit passé sur notre [illegible] depuis Roüen jusqu'à nôtre [illegible] barquement & dans la second[illegible] quatorze May notre arrivée [illegible] te Isle, vous voyez, mon cher [illegible] que je ne perds pas une seul[illegible] casion pour vous témoigner [illegible] connoissance parfaite que j'[illegible] toutes les bontez que vous [illegible] eu pour moi, mais particuli[illegible] ment de l'heureux consente[illegible] que vous avez donné à mon [illegible] part, contre l'avis de tant de [illegible] sonnes qui s'opposoient aux [illegible] seins de Dieu, de toutes les [illegible] gations que je vous ai, je rega[illegible] cette derniere, comme la plus [illegible] de, & la plus agréable à Di[illegible] comme ma reconnoissance qu[illegible] parfaite quelle soit, est toûj[illegible] peu de chose, je m'adresse tou[illegible] jours à Nôtre-Seigneur, & le [illegible] qu'il soit vôtre récompense [illegible] qu'il vous conserve une par[illegible] santé.

Ceux qui vous ont dit que n[illegible] avions été en péril pendant qu[illegible] jours à la Rade de l'Orient, ce [illegible] bien trompez il eſt vrai que nous fûmes viron un heure en péril, aprés quoi nous ſecouames les oreilles comme font les Ecolieres, & nous nous remimes en route, il n'y parut plus, ſinon que nôtre vaiſſeau faiſoit un peu d'eau, & qu'on étoit obligé de pomper toutes les deux heures, & quelquefois plus ſouvent, il ſe peut faire que les habitans de l'Orient nous ayent crûs perdus, mais quand bien même, cela auroit été, nous n'aurions été perdus avec la grace de Dieu, que pour le monde, mais non, Nôtre-Seigneur ne s'eſt point contenté de notre bonne volonté, il veut encore ici en voir l'effet.

Vous m'aprenez que ma ſœur Louiſon poſtule au Val-de-Grace, je ſouhaite de tout mon cœur, quelle ſoit Religieuſe dans cette ſainte Maiſon, elle aura l'avantage d'y vivre avec une perſonne dont j'honore ſingulierement le mérite & la vertu, c'eſt Madame de Quevreville, le Seigneur lui avoit donné comme à moi, vocation pour nôtre établiſſement de la Louiſienne, je comptois bien faire ce voya-

ge avec une si aimables compag[illegible]
mais des raisons de famille [illegible]
retenuë en France, s'y ma[illegible]
m'en croit elle suivra exacte[illegible]
les avis du Révérend Pere de He[illegible]
peville mon ancien Directeur [illegible]
à present le sien, je desire qu'il[illegible]
soient aussi salutaires qu'à mo[illegible]

J'aurai bien de la joye, [illegible]
sœur Elizabeth continuë à [illegible]
Saint François, quel bonheur [illegible]
elle s'y elle pouvoit y être [illegible]
gieuse avec ma sœur Aynée [illegible]
flate que vous m'instruirez des [illegible]
grès que mon cher frere fera [illegible]
les sciences, le plus ardent de[illegible]
mon cœur est qu'il soit un [illegible]
ou un bon saint Prêtre, ou un [illegible]
vant Missionnaire Jesuites, le [illegible]
d'une de nos Meres, est Mi[illegible]
naire à cinq ou six cens lieu[illegible]
c'est le Révérend Pere Bo[illegible]
ger Jesuite, je suis cependant [illegible]
peu fachée contre mon frere [illegible]
qu'il ne m'a point écrit, s'y [illegible]
une plume qui lui manque qu[illegible]
le dise confidament, & je lui [illegible]
voyerai une, où si c'est qu[illegible]
oublié à écrire c'est une autre [illegible]
re je le prie de raprendre, & [illegible]

donner par la premiere occasion, de ses nouvelles, j'attens aussi la même grace de ma sœur Dorothée que j'embrasse de tout mon cœur.

Pour mon frere le Religieux, il ne m'a pas fait l'honneur de m'écrire, seroit-il faché contre moi, ou me croît-il fachée contre lui, il est vrai que pour me détourner de mon dessein, il me dit avant mon départ bien des choses qui ne devoient pas me faire plaisir, mais j'ai regardé tout cela comme une épreuves & même comme une marque de son amitié, mon cher Pere, quand on est assuré de faire la volonté de Dieu, on compte pour rien les discours des hommes, bien des gens ont traité nôtre entreprise de folie, mais ce qui est folie aux yeux du monde, est sagesse aux yeux du Seigneur, s'y ce cher frere est encore faché contre moi de ce que je n'ai pas déferé aveuglement à ses avis, je vous suplie de faire ma paix avec lui, s'y je ne lui écris pas, c'est que naturellement timide je n'ose prendre cette liberté qu'il ne m'en ait donné auparavant la permission.

je crois cependant qu'il ne m'a ... oublié pendant nôtre Navigati... Il me semble même avoir res... l'effet de ses fervantes prieres ... plusieurs rencontres, où je ... assure que nous devions per... chacun disoit dans notre Vais... nommé la Gironde, que de ... Vaisseaux qui auroient autant ... secousses que le notre, il n'y en ... roit pas un de réchapé, qu'il ... loit qu'il y eut de bonnes ames ... priassent pour nous, à la tête ... ses bonnes ames je mettois toûjo... ce cher frere, je vous prie de l... surer que je conserve toûjours p... lui l'attachement le plus sincere.

Quoi que je ne connoisse ... encore parfaitement le Païs de ... Louisienne je vais cependant, ... cher Pere, vous en faire un p... détail, & je puis vous assurer q... ne me semble pas être à Missi... il y a autant de magnificence & ... politesse qu'en France, les Eto... d'or & de Velours y sont com... nes, quoi que trois fois plus ... res qu'à Roüen, le Pain y co... dix sols la livre, il est fait de ... rine de Bled d'Inde autrement ...

de Turquie, les œufs quarante-cinq & cinquante sols la douzaine, le lait quatorze sols le pot, moitié mesure de France, nous y mangeons de la viande, du Poisson, des Poix & des Féves Sauvages, & plusieurs fruits & Légumes, comme des Ananas qui est le plus excellent de tous les fruits, des Melons d'eau, des Patates, des Sabotines, qui sont à peu prés comme des Pommes de Rainette grise en France, des Figues Banales, des Pacanes, des Noix d'Arcajous que si-tôt qu'on en mangent prennent à la gorge, des Girmons, qui sont comme des especes de Citrouilles, & mille autres fruits qui ne sont pas encore venus à ma connoissance.

Enfin nous vivons de Bœufs Sauvages, de Chevreüils, de Signes, d'Oirs & Dindes Sauvages, de Liévres, Poulles, Canards, Sercelles, Faisants, Perdrix, Cailles & autres Volailles & Gibier de differentes especes, les Riviéres y sont fécondes en poissons monstrueux, nottament des Barbuës, qui est un excellent Poisson, des

Rais, des Carpes, des Salmand
& une infinité d'autres Poiss
qu'on ne connoît point en Fran
l'on fait beaucoup d'usage ici
Chocolat au lait & de Caffé, u
Dame de ce Païs nous en a don
bonne provission, nous en pren
tous les jours l'on fait trois jo
gras chaque semaine en Carêm
& le cours de l'année le Sam
gras comme aux Isles Saint Dom
gue, nous nous accoûtumons
merveilles aux vivre Sauvages de
Païs, nous mangeons du Pain m
tié ris & moitié farine, il y a
du Raisin Sauvage, plus gros q
le Raisin François, mais il n
point en grape, on le sert dans
plat comme des Prunes, ce q
l'on mange davantage & qui
plus commun est du Rit au la
& de la sagamité que l'on fait a
du Bled d'Inde broyé dans un m
tier, puis l'on fait bouillir la
rine dans de l'eau avec du Be
ou de la graisse, le peuple de m
te la Louisienne trouve ce man
trés-bon.

J'ai été curieuse de m'inform
de l'état du terrain de ce Pay

afin, mon cher Pere, de pouvoir vous en donner quelques petite idée, vous apellez ce lieu-ci tantôt la Louisienne & tantot Missisipi, mais ce doit être la Louisienne, c'est le nom que lui donna Monsieur Robert Cavelier Sieur de la Salles natif de Roüen, quand il y vint avec le Sieur Joustel & plusieurs autres personnes de la même Ville, faire la premiere découverte en 1676. & en 1685. En consideration du Régne de Loüis le Grand, & ce nom de la Louisienne lui est resté, mais le nom de Missisipi c'est le fleuve qui s'appelloit ainsi, auquel ledit Sieur de la Salle donna le nom de fleuve Colbert, parce que Monsieur Colbert étoit lors Ministre d'Etat, mais ce nom de Colbert ne lui a pas resté, l'on a continué de le nommer le fleuve de Missisipi, & plusieurs le nomment à present le fleuve Saint Loüis, c'est le plus grand fleuve qu'il y ait dans toute l'Amérique excepté celui de Saint Laurent, il se joint à ce fleuve de Missisipi une infinité de Riviéres, il a sept à huit cens lieuës depuis

sa source jusqu'au Golfe du Me
que dans lequel il se décharg
mais il n'est pas Navigable il
peut monter & descendre au
Bâtimens mais seulement des p
tes Chaloupes qui peuvent po
douze ou quinze personnes, d'
tant que ce fleuve étant borné
des Forêts de hauts Arbres, la
pidité de ses eaux cave & cr
la terre du Rivage, de façon q
les Arbres y tombent, & il s'en jo
à certains lieux une quantité
ferment le passage de la Rivie
ce seroit un travail infini & de-
penses immenses, si l'on vou
débarasser tous ces Arbres p
rendre ce fleuve Navigable &
état d'y faire monter & desce
des Bâteaux, à joindre qu'il
des bancs de sable par distance
qu'il y faudroit faire un Talut.

Nous sommes icy plus prés
Soleil qu'à Roüen, sans cepen
y avoir de trés-grandes chale
l'Hiver y est assez modéré, il
pendant viron trois mois, ma
ne sont que des petites gelées
che ; l'on nous a assuré que le
de la Louisienne est quatre

plus grand que la France, les terres sont trés-fertilles, & raportent plusieurs recoltes chaque année, non pas le long du Fleuve & des Rivieres, car ce ne sont en la plûpart que des Forêts de Chênes, & autres arbres de hauteur & de grosseur prodigieuse, des Rozeaux & des Cannes qui croissent de dix quinze & vingt pieds de hauteur, mais à quelques lieües de là ce sont des prairies, des pleines, & des campagnes, où il croit une quantité d'arbres nommez des Cottonniers, quoi qu'ils ne raportent point de Cotton, des Chicomores, Meuriers, Chataigniers, Figuiers, Amandiers, Noyers, Citronniers, Orangers, Grenadiers, & autres qui font la beauté des Campagnes, si le terrain étoit cultivé il n'en seroit pas de meilleur au monde, mais pour cela il faudroit qu'il fût autrement peuplé, & qu'il y vint de France des ouvriers de tous métiers, un Homme y travaillant seulement deux jours à bécher la terre, & y en semenser du bled, en receuillira plus que suffisament pour se nourir pendant toute l'année, mais la plû-

part des Peuples y vivent dans l'o-
siveté, & ne s'apliquent pres-
qu'à la Chasse & à la Pêche. La
Compagnie fait beaucoup de Commerce de Pellctrie, Castors, & autres Marchandises avec les Sauvages, qui sont gens dont la plûpart
sont trés sosiable. Voilà tout ce
que j'ai pû aprendre de l'état de ce
païs, je vous en informerai plus
emplement par la suite, quand je
serai plus instruite.

Vous me marquez, mon cher
Pere, avoir acheté deux grandes
Cartes de l'état du Missisipi, &
vous n'y trouvez pas la Nouvelle
Orleans, il faut aparament que ces
Cartes soient anciennes, car on
n'auroit pas dû y obmettre cette
Ville Capitalle du païs; je suis fâchée qu'il vous aye couté cent
sols pour n'y pas trouver le lieu de
notre residence; l'on va je crois faire
de nouvelles Cartes où notre établissement sera marqué.

Nous avons fait huit jours de
Retraite avant la Sainte Ursule,
le Reverend Pere de Beaubois nous
faisoit tous les jours trois Confe-
rences, notre postulante Demoi-

de Tours a pris l'Habit le jour de Sainte Ursule, & ma Sœur Françoise le va prendre le jour de la Toussains, nous sommes ici autant bien logez que l'on peut souhaiter, en attendant que notre Couvent soit achevé de bâtir ; il n'y a point de Maison Religieuse qui aye si bien été dans leur commencement; en arrivant ici le Reverend Pere de Beaubois nous aprit qu'il venoit de perdre neuf Negres qui avoient peri d'un seul coup de vent de Nord, c'est une perte de neuf mille livres, la Compagnie des Indes nous en a donné huit il y a quinze jours, dont deux se sont enfuits aparament dans les bois ou ailleurs, il s'en est aussi évadé quatorze ou quinze à la Compagnie le même jour, nous en avons gardé une belle pour nous servir, & le reste nous les avons envoiyés à notre habitation pour cultiver nos terres, cette habitation n'est qu'à une lieüe d'ici, nous y avons un Econome & sa Femme qui ont soin de conserver nos interêts.

Nous gardons ici la cloture avec autant de regularité que les Convents de France ; si nous avions le malheur que le Reverend Pere Beaubois fut malade, & qu'il ne p pas nous venir dire la Messe, n la perdrions le jour de Pâques même pendant six mois plûtôt q de sortir de notre Couvent p l'aller chercher à la Paroisse.

Les Reverends Peres Tarta Doutrelo, sont partis d'ici il y semaines pour trouver leur p vers les Illinois, notre Reverend Superieur est maintenant seu avec le Frere Parisel.

Je ne vous parlerai point, cher Pere, des mœurs des sec de ce Pays ne les connoissan & n'ayant nulle envie de les c noître, mais l'on dit, que ce des mœurs bien corrumpus & médisans, il y a aussi un trés g nombre d'honnêtes-gens, il ne voit aucunes de ses filles qu'o soit y avoir été envoyées par s il n'en est parvenu aucunes ju ici, vous dites, mon cher Pere le Révérend Pere de Houpp fait toutes ses dévotes Religie nous aurions besoin ici de ce vérend Pere, non pas pour y des Religieuses, mais des dévo car un Révérend Pere Capucin nous assura l'autre jour qu'il n'y en avoit pas une dans tout le païs, ny aux environs.

Toutes nos Meres sont en parfaite santé, excepté nôtre Révérende Mere Supérieure, que nous avons eu le chagrin de voir presque toûjours malade depuis que nous sommes ici, elle est cependant un peu mieux qu'elle n'a été, elle vous saluë, ainsi que toute notre Communauté.

Je vous assûre, mon cher Pere, qu'elles ont toûjours mille & mille bontez pour moi, principalement nôtre aimable Mere Supérieure, plus je suis sous sa conduite, plus je l'aime, je reçois tous les jours de nouvelles marques de sa tendresse, ce qui me fait peine est que je ne le merite pas, je suis contente on ne le peut davantage, enfin autant qu'on le peut être en ce monde, & qui ne le seroit me trouvant dans une société de sainte filles, l'on voit bien que c'est le bon Dieu qui a lui-même choisi ses sujets, car il n'y a pas une de ses Meres qui n'aye un merite infini, & une dévotion des plus parfaites, notament notre Révérende Mere

Supérieure, & la Mere de S. Fran
Xavier maîtresse des Novices
étoit aux Ursulines du Havre, &
laquelle je partis de Roüen, nous
serions pas surprises de leur
faire des miracles, c'est à
marcher sur leurs traces, suivre
exemples, & les imiter en tout
je pourrai.

Je supose que ma sœur Ay
porte bien, je suis surprise qu'el
m'aye pas écrit, je l'embrasse d
mon cœur & me recommande
saintes prieres.

J'oublie à vous dire, mon
Pere, que dans le péril où nous
été dans la Gironde, je prom
ames du Purgatoire six Messes,
dition que vous voudriez bien
la bonté de les faire dire, étant
suadé de votre bon cœur, &
vous ne me les refuserez pas.

Ce paquet va partir dans le
ce de Conty, qui vient de nous
ter des Naigres de la Guinée
ronde part d'icy au même
ainsi que le Dromadaire, mais
pére que le Prince de Conty
le meilleur voillier & qu'il ar
le premier en France, & mes

l'instant ce paquet à la poste de l'Orient pour vous être tenu.

Je vous assûre, mon cher Pere, que mon éloignement ne diminuë en rien l'estime & le respect que j'ai toûjours eu pour vous, si je n'étois aussi contente dans ma vocation que je le suis, l'éloignement de vos chéres personnes seroit pour moi un chagrin trés-grand.

Je me porte parfaitement bien graces au Seigneur, je souhaite que votre santé soit aussi bonne, je n'ai été nullement incommodée de la mer, quoi que notre traverse aye été trés-longue, & trés difficile, causée par les vents qui nous ont été presque toûjours contraires, je vous envoye une Relation de tout notre voyage, elle vous fera sans doute plaisir, je finis crainte de vous ennuyer, adieu mon trés-cher Pere, je vous embrasse mille fois, mais non je ne puis vous êtes trop loin, je prie donc mon cher Frere de s'acquitter pour moi de cette aimable commission, je suis de tout mon cœur, dans un profond

respect & une parfaite recon[illegible]
ce,

MON CHER PER[illegible]

Vôtre trés-humble & [illegible]
Fille & Servante H[illegible]
de Saint Stanislas.

APPROBATION.

J'Ai lû par l'Ordre de Mon[illegible] Lieutenant Général de Po[illegible] *seconde Lettre d'une Dame Ur[illegible]* n'y ai rien trouvé qui puisse [illegible] pêcher l'impression. A Rou[illegible] Juin 1728.

LE GRO[illegible]

Vû l'Approbation du Sieur [illegible] permis d'imprimer à Roüen, ce [illegible] 1728.

DE HOUPPEV[illegible]

REL[illegible]

RELATION

A LA NOUVELLE ORLEANS,

Ce vingt-septiéme Octobre 1727.

Vous m'avez témoigné, mon cher Pere, souhaiter d'avoir une Relation de nôtre Voyage, c'est un effet de votre bon cœur, de prendre interêt à ce qui nous regarde, s'en est un de ma reconnoissance de vous contenter en tout ce que je pourrai, voici une confession généralle de tout ce qui s'est passé depuis mon départ de France, voyez combien je suis fidéle à vous rendre mes comptes.

Nous nous Embarquâmes le vingt-deuxiéme Février 1727. dans le Vaisseau de la Gironde commandée par Monsieur de Vauberci, second Capitaine étoit Monsie Guéret, ce dernier a eu pour des égards & des attentions s'y gi des que nous ne pourons jamai en marquer assez de reconnoissanc avant que de nous Embarquer n fumes prendre congé de Monsi Dufaillet Commandant de l'Orie & Directeur de la Compagnie Indes, auquel nous avons a beaucoup d'obligation, de-là n nous rendîmes au Vaisseau acco pagné de Monsieur & de Mad Morin & de plusieurs de no qui voulurent bien présider à n Embarquement, Messieurs no pitaines nous reçurent à bord o nousattendoient, mais le vent a changé il fut résolu que nou mettrions à la voille que le le main, ce retardement nous do le temps de nous arranger dans n chambre, c'étoit une clouaison l'on avoit faite pour nous dans l trepont de dix-huit pieds de lo de sept ou huit de large, nous é de notre bande dans cet endr six lits chaque coté, trois l'un l'autre de sorte que nous n'avions pas la commodité d'être assises sur nos lits sans sentir le plancher, pour moi je puis vous assûrer que j'y ai été souvent attrapée puisque j'étois une de celles qui couchoient en haut, parce qu'on y avoit mis les plus legeres, une de nos sœurs qui faisoit la treiziéme couchoit en bas au passage.

Dans cet endroit il y avoit pour toute fenêtre deux sabots grands comme deux fois la main, encore bien souvent ne pouvoit-on les ouvrir à cause des lames d'eau qui venoient nous arroser jusques dans nos lits, nous étions obligez de nous lever & coucher, les unes aprés les autres, ne pouvans être dans notre chambre plus de deux ou trois à la fois, malgré les extrêmes chaleurs que nous avons essuyez dans cette étuve, le Seigneur nous a toûjours conservez en parfaite santé, nous avions la consolation d'être seules dans notre chambre, tous les autres passagers étoient ensemble dans la Sainte Barbe, nos Révérends Peres étoient encor plus mal que nous, ils n'avoient qu'un méchant petit trou qui n'avoit aucun jour, ils furent obligez de le quitter ne pouvant y rester dans les grandes chaleurs, ils prirent le parti de coucher sur la dunette au gré du vent & de la pluye, la tête enfermée dans un panier à laissive, pour recevoir la pluye quand il en venoit.

L'on mit donc à la voille le lendemain vingt-troisiéme Février deux heures aprés midi le temps étoit beau, nous étions montez bonne compagnie sur la dunette, quand à demie lieüe de l'Orient, notre Vaisseau toucha deux fois contre un Rocher, le choc fut trés rude & causa l'alarme dans le Vaisseau, l'on haussa en même temps les voilles, cela ayant été remarqué au Port de l'Orient, l'on ne manqua pas d'avertir Monsieur Dufaillet que notre Vaisseau étoit échoué, ce Monsieur & encore plusieurs autres vinrent à notre secours, il nous dit qu'il auroit été triste que nous fissions fait naufrage au Port, il nous r'assura de la crainte que nous avions eüé, & fit travailler avec tant de vigueur que nous nous trouvâmes délivrez de cette premiere frayeur.

& en état de continuer notre route, notre Vaisseau ne reçut aucun dommage de ce coup si terrible, ce fut alors que chacun commença à payer le tribut à la mer, pas une n'en échapa, mais celles qui ont été les moins malades, ce fut la Mere Boullanger & moi qui en fumes quittes pour quelques maux de cœur.

Les vents changerent & nous devinrent tout à fait contraires, le Vaisseau étoit dans une agitation continuelle, & faisoit des bonds qui nous renversoient les uns sur les autres, la souppe n'étoit pas plûtot mise sur la table qu'elle étoit renversée sur la nappe, à moins qu'on eut la précaution de la bien tenir à deux mains encore falloit-il que ce fut un Marin, car nous autres nous avions assez que de nous tenir nous mêmes, cela contribuoit quelque fois à nous faire rire malgré le mal de mer qui est une maladie trés violente & qui réduit à une espece d'extrémité, mais quand une fois on la connoît l'on ne s'en inquiete point parce qu'on n'en meurt pas, notre Révérende Mere Supérieure a été celle qui s'en est ressentie plus long-temps, mais cela n'a rien dimin[...] de son zéle & de son courage pou[r] la gloire de Dieu, il suffisoit de l[a] regarder pour nous animer non-seu[le]lement à souffrir avec patience, ma[is] encore avec joye, nous avons eu [la] consolation de voir que malgré [le] mal de mer & les autres épreuv[es] que nous avons eües, causez par l[es] tempêtes la longueur de la Navi[ga]tion & la rencontre des Corsair[es] aucune ne s'est repentie du sacrifi[ce] qu'elle a fait d'elle même à Dieu, ni même qui ait paru s'inquiet[er] des risques ou nous avons plusie[urs] fois cru être à cause des mauv[ais] temps.

Ce fut dans cette sçituation q[ue] notre Révérende Mere Supérie[ure] fit un Voeu en son nom & celu[i de] la Communauté à la Sainte V[ierge] & à Saint François Xavier afi[n de] mériter leur protection, la temp[ête] étoit si forte & la mer si orage[use] quelle causa la mort à quara[nte] neuf moutons, & à une quantit[é de] poulles qu'on avoit embarquez d[ans] notre Vaisseau pour notre nour[itu]re & celle de l'Equipage, on [les] trouva étouffez & on les jetta [à] mer, de ce qui diminua beaucoup nos vivres & nous réduisit à manger du rit à l'eau, du bœuf sallé & du lard si mauvais que nous n'en pouvions manger, & des Féves accommodez avec du saindoux n'ayant point de beurre, mais toute cette mauvaise nourriture n'a point affoibli nos santez.

Enfin le vent étant contraire notre Vaisseau n'avansoit gueres, en quinze jours nous ne fimes pas le chemin de trois, cela diminuoit aussi notre eau ensorte que nous fumes réduits ainsi que l'équipage à demi pinte d'eau par jour encore étoit elle trés-mauvaise, si nos Capitaines avoient trouvé le vent favorable ils auroient relaché aux Canaries pour y faire de l'eau, mais le vent n'étoit favorable que pour retourner au Port-Loüis, ce qui obligea nôtre Capitaine de relacher à l'Isle de Madére le douze Mars à trois cens lieuës de l'Orient.

Cette Isle apartient au Roy de Portugal, elle est divisée en trois Villes, la principalle est Episcopalle & c'est celle ou nous fumes en rade, aussi-tot qu'on nous aperçut on envoya un Canot au devant de

nous pour sçavoir ce que nous voulions, les envoyez furent satisfait
aussi-tot, notre Capitaine salua la
Ville par sept coups de canon, la
Ville lui répondit par cinq autres,
ensuite nous jetâmes l'Ancre; ceux
qui étoient venus nous voir ayant
raporté qu'il y avoit dans le Vaisseau un Convent de Religieuses &
plusieurs Jesuites Missionnaires, cette nouvelle picqua la curiosité &
nous attira bien des visites, les Peres de la Compagnie de Jesus qui
ont dans cette Ville un fameux
College furent des premiers à se rendre à notre bord, ils ne donnerent
pas le temps à nos Peres de les pré-
venir.

L'on ne peut être plus gra[illegible]
que sont ses Peres, il ni en a[illegible]
qu'un qui parla François, ma[illegible]
nous dit mille choses obligeantes[illegible]
nom de tous, ils nous prese[illegible]
d'aller à terre, & de prendre no[illegible]
logement chez eux, mais nous [illegible]
remerciâmes, nos Révérends Pe[illegible]
furent le lendemain dîner chez e[illegible]
on les reçut avec politesse, on [illegible]
traita avec magnificence & po[illegible]
present on leur donna un Bellier

Nous eumes aussi part à la générosité de ses Peres, ils nous aporterent eux-mêmes de grands panniers pleins de toutes sortes de rafraîchissemens, comme Citrons en abondance, Salades, Confitures & autres, pendant trois jours que nous demeurâmes en rade, ces généreux & gratieux Peres nous firent plusieurs visites, paroissans prendre un grand plaisir à nous voir, louant fort le zéle qui nous a fait entreprendre un si long & pénible voyage, la plus grande peine qu'ils disoient avoir, étoit de ne pouvoir nous faire plus de bien, estimans ce qu'ils faisoient pour nous comme rien en comparaison de leur bonne volonté, il y avoit plusieurs de ces Peres qui avoient de grandes lunettes sur le nez à la mode de Portugal, & j'en remarqué un jeune qui les ôta pour lire quelque choses, ce qui nous parut fort extraordinaires, du reste leurs manieres sont à peu prés comme celles de nos Peres de France, excepté qu'ils portent leurs cheveux plus cours.

Nous vîmes plusieurs autres Messieurs des plus considerables de cette

Ville, entr'autres Monſieur l'Inten-
dant du lieu qui vinrent nous rendre viſite, tous habillez de noir po-
tant chacun un reliquiere & cha-
let à leur col, l'inquiſition etan
dans cette Iſle comme en Portu-
& en Eſpagne, les Ecoliers des J-
ſuites eurent auſſi la curioſité &
permiſſion de nous venir voir, no
en fumes accablez, ils portent to
un chapelet à la main qui leur f
de contenance, mais l'on dit qu
n'en ſont pas plus dévots, nos R-
vérends Perés trouvent l'Egliſe
ſes Peres Jeſuites trés-magnifiqu
la Contretable & le devant d'Au
en eſt d'argent maſſif & les mura
les de porcelaine, il n'eſt point d'
gliſe en France ſi riche en ornem
les arbres de cette Iſle étoient cha
gez de fruits en maturité au mo
de Mars, nous ne vîmes point
femmes elles ni ſont pas viſibles
ne les voit qu'à travers les grill
elles ne ſortent que pour aller à l
Meſſe & toutes à la même heu
enſorte qu'elles forment une eſp
de Proceſſion, elles marchent co
vertes de grands voilles & en ſile
ce s'y ce n'eſt quelles diſent le
chapelet.

Il y a dans cette Isle deux Convens dont le principal est de l'ordre de Sainte Claire, l'Abesse est une Princesse Portugaise, comme elles sont plus libres que les Séculieres, le bruit de nôtre arrivée parvint bien-tôt jusqu'à elles, cette Abesse écrivit une lettre toute gratieuse à notre Révérende Mere Supérieure pour la convier & toute sa Communauté d'aller chez elle, elle nous donnoit à toutes de grandes loüanges, son stile étoit trés-tendre, du moins nos Officiers nous l'éxpliquérent de cette maniere; car la lettre étoit écrite en Portugais notre Révérende Mere Supérieure lui répondit en François, & elle reçût la lettre de notre aimable Mere avec toutes sortes de marques d'estimes & d'amitié, quoiqu'elle ni dût rien connoître, à moins quelle ne se la fit expliquer par quelque personne qui entendit le François & le Portugais, le lendemain une jeune femme du bord lui ayant été rendre visite de la part de notre Communauté, elle fut comblée d'honêtetez & de presens, les Religieuses de ce Monastere qui sont au nombre de plus de trois cens,

voulurent l'embrasser à la porte co-
ventuelle lui réiterant leurs inst-
ce pour nous engager à aller ch-
elles, mais ne jugeans pas devoi-
faire ayans l'eau dons nous avio-
besoin, nous crûmes devoir édifi-
le public en demeurant attaché-
notre cloture de la Gironde plu-
que de paroître dans une Ville
les femmes séculieres même n-
montrent pas, enfin nous romerc-
mes la Ville par un coup de can-
& nous primes le larges pour co-
tinuer notre route, je croi que
nous eussions resté plus long-tem-
en rade, les Religieuses moins
tachez à leur cloture que nous
notre auroient quitté leur Cou-
pour nous venir voir, on leur av-
parlé de la modestie de notre h-
lement qu'elles trouvoient bien di-
ferend du leur, elles en furent ch-
mées aussi bien que les Révére-
Peres Jesuites.

Le vent ne nous fut favorable q-
pendant deux jours & ensuite il
changea contre nous, ensorte q-
nous fumes long-temps à faire d-
cens lieuës au bout desquels no-
découvrimes un Corsaire Forban

ou Saltin, du moins donna-t-il lieu de le juger tel par sa contenance, aussi-tôt l'on songea à faire tous les préparatifs nécessaires pour le combat, chacun s'arma, les canons furent chargés & tous prirent leurs postes, il fut résolu que pendant le combat nous serions renfermez dans l'entrepont, les femmes séculieres s'habillerent en hommes, elles n'étoient que trois c'étoit toûjours pour augmenter le nombre de l'Equipage, cependant elles disoient adieu à leurs maris, Mademoiselle de la Chaisse qui se rengeoit toûjours avec nous pleuroit amérement de la crainte quelle avoit de perdre Monsieur son frere dans le combat, il étoit Enseigne de notre Vaisseau, son poste sur le Pont, celui du premier Capitaine étoit sur la dunette & le Pere Tartarin s'étoit rangé avec lui, le poste du second Capitaine étoit sur le Gaillard du devant, le Pere Doutrelot s'étoit rangé avec lui, & le frere Cruci sur le Pont à fournir des Gargouces à tous ces guerriers tous armez jusques aux dents & d'un courage admirable, nous autres nous avions pour toutes armes notre chapelet à la main nous n'étions point triſtes graces au Seigneur, perſonne de notre compagnie ne fit paroître aucune foibleſſe, nous étions charmés de voir le courage de nos Officiers & passagers qui ſembloient aller abattre l'ennemi du premier coup, tous ces aprêts furent inutils, le Vaisseau ennemi aprés avoir fait plusieurs tours & retours nous voyant en état de deffences & ſe croyant apparemment le moins fort ſe retira & nous laissa en liberté.

Mais c'étoit une triſte liberté pour des Religieuſes que d'être sur un Vaiſſeau où il eſt impoſſible d'avoir un moment à ſoi, nous n'avons pas laiſſé de prendre du moins le temps de nos Exercices Spirituels, mais c'étoit au milieu de la diſſipation qui ſe trouve parmi un nombre de gens qui ne penſent qu'à ſe divertir pour paſſer le temps, voila ce qui faiſoit notre plus grande peine.

Enfin nous arrivâmes ſous le Tropique le Vendredi Saint, c'eſt-à-dire ſous la ligne du Soleil, la Sainteté du jour empêcha qu'on ne fit la cérémonie du Bâtême dont vous avez ſans doute oüi parler, elle fut remiſe au Samedi l'aprés dîné, je ne vous ferai point le détail de cette céremonie qui n'eſt qu'un divertiſſement pour les Matelots, d'autant plus grand qu'on ne peut s'en exempter qu'avec de l'argent, comme nous étions plus de vingt de notre compagnie y comprenant les domeſtiques des Révérends Peres ainſi que les notres, ils eurent plus de deux piſtoles de notre part, ceux des paſſagers qui ne voulurent rien donner eurent pluſieurs ſceaux d'eau ſur le corps, mais le grand chaud qu'il faiſoit leur rendoit ce bain agréable.

Quelques jours aprés nous eûmes une ſeconde allarme, par la rencontre d'un pareil Vaiſſeau ennemi, qui nous pourſuivit de trés-prés, on ſe mit ſur la deffenſive, & lors qu'on ſe vit tout proche nous fumes nous enfermer dans le lieu qui nous avoit été indiqué; l'on étoit prêt de tirer ſur l'ennemi, mais il ſe retira, ce qui nous raſſura pour quelques heures & nous donna le temps de ſouper, & comme l'on remarqua qu'il ſe raprochoit, & ſe retiroit de temps en temps, on garda toute la nuit, nous

fumes nous coucher en atendant tou
jours que l'on nous vint avertir
nous lever, mais l'on n'eut poi
cette peine, le Vaisseau se retira
Si nous avons eu quelque conso
lation c'est par l'avantage que no
avions de participer au Saint Sa
fice de la Messe, on la célébroit to
les jours, & assez souvent no
avions le bonheur de nous for
du sacré Corps de Jesus-Chr
nous eumes quelques Sermons
Monsieur l'Aumonier du Vaiss
& par nos Reverends Peres, l'
faisoit la Priere quatre fois par j
à quatre & à huit heures du ma
à cinq & huit du soir, l'on chan
la grande Messe & les Vêpres to
les Dimanches & Fêtes, l'on fit
Vendredi-Saint l'Adoration de
Croix aprés la Passion d'une mani
assez dévote, nous fumes des pr
miers adorer la Croix nud pieds, en
suite les Révérends Peres, les Offi
ciers, les Passagers & l'Equipage to
d'une maniere assez respectueuse
l'on fit aussi au temps du Saint Sa
crement la Procession au tour d
Capestran, enfin il suffit dans u
Vaisseau que les Officiers donnent
l'exemple

l'exemple pour que tout l'Equipage ſoit en dévotion, l'on ne manque point de ſonner & dire l'*Angelus* quatre fois le jour, revenons à notre route.

Aprés avoir perdu de vûë le Vaiſſeau ennemi, la mer continua le lendemain à ſe faire craindre, elle étoit quelquefois ſi furieuſe qu'il étoit impoſſible de nous tenir dans nos lits, il falloit des cordes pour nous empêcher de tomber, nous nous trouvions ſans diſcontinuer tantot d'un coté tantot de l'autre, & toujours obligez de nous accrocher quelque part, mais nous ſouffrions encore davantage de la longueur du Voyage, aſpirant de plus en plus aprés cette terre promiſe & ſi ardemment deſirée, de jour en jour nous redoublions nos vœux & nos prieres pour obtenir un temps plus favorable, le Seigneur nous en accordoit par intervalles quelques heures, à l'aide de ce ſecours nous arrivâmes à la Caille Saint Louis qui eſt un Port de l'Iſle Saint Domingue où nous avons mouillé, & c'eſt-là où nous commenſâmes à conoître Meſſieurs les Maringouins ce ſont

de petits animaux que je puis com-
parer à ce qu'on apelle en Franc
des bibets ou couſins, excepté qu
leurs picures ſont beaucoup plus ve
nimeuſes & plus douloureuſes, elle
cauſent des empoulles & des deman
geſſons violentes, on s'emporte l
peau & il y vient des ulcéres quan
on ſe grate, ſes animaux pique
d'une ſi grande fureur que no
avions le viſage & les mains couve
tes de leurs marques, mais heureu
ſement que ces bêtes ne paroiſſe
que le ſoir aprés le Soleil couch
juſques au lendemain au lever du S
leil.

Comme il n'y a point de maiſo
Religieuſe ni perſonne de connoi
ſance, & qu'il falloit deſcendre po
veiller à notre linge que nous vo
lions faire blanchir, dès le ſoir m
me que nous eumes jetté l'Anc
les Meſſieurs de la Compagnie vi
rent nous faire viſite & nous off
rent le Magaſin de la Compagni
nous n'avions garde de refuſer u
offre ſi gratieuſe puiſque c'étoit u
neceſſité pour nous de deſcendre, n
tre Révérende Mere leur promit q
dès le lendemain elle auroit l'hon

neur avec toute la Communauté de les saluer à terre, ces deux Messieurs sont d'un vrai mérite d'une probité reconnue & d'une grande politesse, le premier se nomme Cirou, il est encore garçon, c'est un homme tout plain d'esprit & qui passe pour être trés-integre, il a une conversation tout à fait agréable malgré son application continuelle aux affaires, le second s'apelle Girard de qui le mérite n'éclate pas moins, nous avons mangé chez eux avec une jeune Dame Creolle du Païs, de qui l'on ne feroit aucune difference d'avec une Parisienne & des mieux élevées, au reste on ne peut rien ajoûter à toutes les gratieusetez que ces deux Messieurs ont eus pour nous, ils nous ont traitez une fois magnifiquement bien, & le reste du temps que nous avons demeuré chez eux, c'est-à-dire, prés de quinze jours nous avons été régalez avec propreté & abondance.

Deux jours aprés notre arrivée Monsieur le Gouverneur envoya sçavoir l'état de nôtre santé, & vint lui-même l'aprés-dîner nous faire visite, il s'appelle Monsieur de Brache, homme de qualité & riche comme un Crésu, il nous parla d'un tremblement de terre qui étoit arrivé le matin, il n'y eut que moi de toute notre Communauté qui s'en étoit apperçuë, sans sçavoir ce que s'étoit, j'avois regardé ce remuëment-là, comme une imagination que j'avois d'être toujours dans la Gironde, ce Gouverneur nous donna deux fois à manger chez lui avec une magnificence Françoise, on est agréablement chez lui, & l'on y jouit d'une entiére liberté, nous y fîmes nos exercices spirituels avec plus de commodité que dans le Vaisseau, il nous marqua avoir beaucoup d'envie d'avoir un établissement d'Ursulines dans ce païs, personne n'y pourroit mieux contribuer que lui, il n'a point d'enfant & il jouit de cinquante mille livres de rente; les Messieurs Cirou & Girard ont le même desir pour l'éducation des jeunes Creolles qui ont communément d'heureuses dispositions, & qu'on est obligé d'envoyer en France pour les faire instruire dans les Communautez, ainsi il y a lieu d'espérer que nous aurons quelque jour encore une Maison de notre Ordre dans ce pays, ils s'informérent de la maniere qu'il falloit s'y prendre à la Cour de France pour obtenir cette permission, nous leur donnâmes une courte instruction par écrit, s'ils obtiennent cette grace du Roy je ne doute pas qu'il ne se trouve une infinité de Saintes Religieuses, qui remplies de zéle pour le salut des ames, n'aillent volontiers embrazer toutes ses contrées du feu sacré de l'amour Divin, si l'on sçavoit le plaisir qu'il y a de brûler d'un tel feu, on desireroit avec ardeur d'en être consumé, ce qui doit exciter davantage le zelle en faveur de ce pays, est le peu de Religion qu'il y a, les plus dévots sont ceux qui ne menent pas publiquement une vie scandaleuse, dans tout ce pays il n'y a qu'un seul Prêtre qui est obligé de dix deux fois la Messe, tous les Dimanches & Fêtes, sçavoir la Grande Messe à la Paroisse dont il est Curé, & une seconde Messe au Fort Saint Loüis, qui est placé au milieu de la mer où il y a un grand nombre d'Officiers & Soldats qui en font la garde, Monsieur de Brache en est le

Capitaine, mais comme il n'y va pa
souvent c'est l'Officier Major qui pré
de en sa place, & le Curé demeu
dans cet endroit, Monsieur le Gou
verneur souhaita & nous engage
d'aller voir ce Fort, qui est selo
les connoisseurs une chose trés-ra
en ce genre, nous y trouvâmes tro
compagnies de belles troupes, qu
étoient rangez en ordre sous les a
mes pour nous y recevoir au son de
tambours pour nous faire plus d'hon
neur, & avant que de sortir on nou
presenta quelques rafraîchissemen

Enfin nous nous rembarquâm
le dix-neuf May, comblez d'honn
tetez & de presens de la part d
Messieurs Cirou & Girard, ils nou
donnérent entr'autre chose un ba
ril de Sucre pesant trois cens livre
& autant à nos Révérends Pere
pour nous adoucir sans doute l
reste du chemin, qui étoit encor a
moins de cinq cens lieuës, le vent
nous fut d'abord assez favorabl
mais ce fut pour peu de temps, nou
eumes beaucoup de calme & de vent
contraires qui nous retardérent
nous rencontrâmes ensuite troi
Vaisseaux Forbans, dont deux nou

causérent l'allarme, ils tournérent pendant deux jours autour du nôtre, n'osant cependant nous attaquer, nous en avons toujours été quitte pour la peine de se mettre en deffente; ils descendirent un nombre de gens de trés-mauvaise mine, qui se disoient être Anglois de Nation, dans leur Chaloupe, & vinrent à notre bord, feignant de nous demander du vin a acheter, nos Capitaines s'apperçurent qu'ils venoient uniquement pour reconnoître l'état de notre Vaisseau & de l'équipage, peu ne s'en fallut qu'on ne les retint prisonniers, ou qu'on ne tira le canon sur leur Chaloupe pour les envoyer boire au fond de la mer, mais on leur fit grace, & on se contenta de leur commander de se retirer promptement, ils obéirent & s'éloignérent à l'instant sans demander leur reste.

Nous espérions malgré tous ses contre-temps que nous arriverions vers la fête du Saint Sacrement; mais Nôtre-Seigneur qui avoit reservé la plus grande épreuve pour la fin, nous envoya des vents fort contraires, ces vents conjointement

avec les courans qui se trouvent [illegible]
le Golfe du Mexique nous p[illegible]
rent malgré nous vers l'Isle [illegible]
appelle Blanche, comme no[illegible]
rions avec impatience de [illegible]
premieres terres du Missisipi[illegible]
ressentîmes beaucoup de joye [illegible]
proche de cette Isle, mais b[illegible]
que ce fût une courte joye, [illegible]
le nous fut chérement [illegible]
lors que nous y pensions le [illegible]
ou aprés le dîner nous étions [illegible]
ser le tems sur la dunette [illegible]
Vaisseau se trouva tout d'un [illegible]
arrêté par la terre, ce qui [illegible]
faire tant de rudes secousses [illegible]
nous nous crumes dès ce m[illegible]
perdus sans ressource, nous [illegible]
notre Chapelet & dîmes n[illegible]
manus pensant que s'en étoit [illegible]
que nous ferions-là notre [illegible]
ment de Religieuses, nos Cap[illegible]
quittérent leur dîner, car [illegible]
noient après nous à midi, & [illegible]
vérends Peres & nous à onze [illegible]
res, de même nous soupions [illegible]
à cinq heures & nos Officiers [illegible]
tout l'équipage fut en un instant [illegible]
mouvement, l'on haussa les v[illegible]
& l'on fit divers manœuvres [illegible]

nous tirer de ce mauvais pas, le tout fut inutile, & l'on remarqua par la sonde qu'il falloit que notre vaisseau fut enfoncé de plus de cinq pieds dans le sable, en effet il y avoit déja fait son lit, & n'avoit aucun mouvement que par le gouvernail, qui de temps en temps faisoit des sauts qui faisoient trembler, ce qui détermina enfin notre Capitaine à décharger le Vaisseau, l'on commença par les Canons que l'on accommoda sur deux piéces de bois ensorte qu'ils ne pussent couler à fonds, on les conduisit au loin & on les abandonna à la Mer, ensuite on vuida le laiste qui étoit composé de cailloux, de plomb & de feraille, le tout fut jetté à la mer, tout cela ne suffisant pas pour alléger le Vaisseau on délibéra aussi de jetter les coffres des Passagers qui étoient en grand nombre dans l'entrepont, les nôtres étoient des premiers, aussi étoit-ce à nous a faire le premier sacrifice, nous ne fumes pas long-temps à nous y résoudre, & nous consentimes de tous nos cœurs à nous voir dénuez detout afin d'éprouver la plus grandepauvreté, l'on nous assuroit qu'il n'y avoit rien à craindre pour notre vie étant fort proche de la terre, mais nous ni devions descendre que dans une extrême necessité, à cause que cette Isle n'est habitée que par des Sauvages, qu'on nous dit être très-cruels, non-seulement ils mangent les Blancs, mais ils leur font souffrir auparavant des tourmens mille fois plus rudes que la mort, quelquefois ils font boire aux Blancs leur propre sang, enfin ils leur font souffrir les martyres les plus cruels; il est vrai que si nous eussions été dans la triste nécessité de quitter le Vaisseau, nous étions en comptant l'équipage & les Passagers une vraye petite armée, qui munie d'Armes que les Sauvages craignent beaucoup, eut été à couvert de toute insulte & même redoutable, mais nous aurions toûjours été en risque de mourir de faim.

Enfin dans le tems que nous croions voir jetter nos coffres en mer, Monsieur le Capitaine changea d'avis, il fit jetter tous les Sucres, dont il avoit une bonne quantité dans le Vaisseau, cela fut executé, nos Révérends Peres & nous y perdimes deux Barils pesant chacun trois cens livres dont Messieurs Cirou & Girard nous avoient fait present en partant de la Caille, cela ne faisant pas encore assez d'effet, l'on voulut encore en venir aux coffres, mais par la permission de Dieu & la protection de la Sainte Vierge, que nous reclamions pendant tout ce temps à chaque fois qu'on alloit prendre nos coffres, le Capitaine changeoit d'avis & faisoit prendre autre chose on jetta encore soixante-un barils d'Eau-de-Vie & quantité de laiste & de feuille que l'on trouva encore, cette triste execution se fit pendant la nuit, nous étions sur la dunette à regarder avec pitié tout ce pauvre ménage, c'étoit la désolation de la désolation même, de voir les pauvres Passagers qui trembloient pour leurs coffres & regrettoient leurs sucres, car jusqu'aux Matelots ils avoient leur petit baril, pas un n'en fut exemté, pas même les Officiers qui en avoient aussi, tout le sucre fut jetté en mer sans choisir à qui il étoit, l'Eau-de-Vie appartenoit à la Compagnie ainsi qu'un nombre infini de ballots qui furent aussi jettez, aprés cela l'on fit de nouveaux effors pour retirer l[e] Vaisseau, & l'on en vint à bout, [c]e qui nous remplit tous de joye, ce pre-mier péril dura viron depuis mi[di] jusqu'au lendemain dix à onze heu-res du matin, personne ne couch[a] cette nuit, cependant l'on jetta l'E[n]-cre, on résolut de ne partir qu'ave[c] la marée qui arriva fort peu d'heure[s] aprés, alors on remit à la voile.

Nous ne fimes pas un quart [de] lieuë & nous n'étions pas encore [re]venus de la peur que notre Vaiss[eau] toucha pour la seconde fois, mais [ce] fut avec une telle roideur & avec d[es] secousses si fréquentes qu'il ne no[us] resta plus d'esperance que dans [la] toute puissance de Dieu, nos Cap[i]taines même étoient surpris que [le] Vaisseau put resister, ils disoient q[ue] de dix il y en auroit eu neuf qu'[au]roient été fracassez & brisez dès [la] premiere secousse, & qu'enfin il fa[l]loit qu'il fut de fer, l'on ne parl[oit] plus d'aller à terre, alors l'on ne [la] voyoit plus que de trés loing, to[us] les Matelots étoient consternez[,] étoient dans la Chaloupe, & le C[a]not avec des ancres pour trouver [à] tirer le Vaisseau par derriere, on

eur donnoit guere de temps de re-
fléchir au péril où ils étoient, car
on les faisoit travailler sans relâche.
Je vous avoüe, mon cher Pere,
que je n'ai jamais crû ny vû la mort
de si prêt, bien que j'espérasse toûjours dans le secours de la sainte Vierge, la crainte qui étoit peinte sur
tous les visages jusques dans les cœurs
les plus assurez, toutes d'un commun
accord nous fimes un vœu, chacun
en notre particulier, car nous étions
dans un état de trouble & d'allarme à
ne pouvoir convenir du Saint auquel
on se recommanderoit, cependant
chacun dissimuloit sa crainte & ne
s'occupoit que de sa derniere fin, au
premier endroit venu on se mettoit en
priere, le plus souvent aux pieds de
notre aimable Supérieure, qui nous
representoit que nous devions avoir
moins de peines que les autres à souffrir la mort, puisque nous avions
fait avant que de nous embarquer un
sacrifice entier & parfait de notre
vie au Seigneur, je ne vous rappor-
terai pas tout ce qu'elle nous disoit
pour nous animer, j'ajouterai seulement que ses paroles nous encoura-
geoient infiniment, son seul exemple

donnoit un courage tranquille
vuë de la mort, elle s'entretenoit
son esprit de Sacrifice avec une
té surprenante, mais le Seigneur
contenta encore pour lors de no
bonne volonté, il donna sa
nediction aux soins de nos Capit
nes, & au travail de nos Matel
& Passagers, qui ne s'épargnerent p
parmi lesquels nos Révérends Pe
se signalerent aussi bien que le
Cruci, notre Vaisseau fut donc
core une fois retiré, & ce qu
avoit de plus étonnant, sans é
beaucoup endomagé, au moins
lon les aparences, il faut aprés Di
en avoir l'obligation à Monsieur
Fuyet, Directeur général de la Co
pagnie & Commandant à l'Orie
qui avoit donné toutes ses attentio
pour mettre ce Vaisseau en bon
avant que d'entreprendre no
Voyage.

Aprés cet accident le Canot m
cha toûjours devant nous, la
de d'un Officier en main, jusqu
ce que nous fussions au large,
qui nous éloigna de plus de qui
lieuës de notre route, ce reta
ment nous fit d'autant plus de p

que nous manquions d'eau, & qu'il y avoit déja quelques jours que nous étions reduites à une pointe d'eau par jour, on en étoit de même à l'égard du vin, les chaleurs étoient trés-grandes, & la mesure plus petite que celle de Roüen, ainsi nous souffrions beaucoup de la soif, ce qui nous faisoit échanger notre vin pour de l'eau, l'on ne nous donnoit cependant que bouteille pour bouteille, encore nous trouvions nous heureuses d'en avoir à ce prix, cela dura plus de quinze jours parce que le vent continuoit à nous être contraire & les courents nous emportoient, nous étions contrains d'être presque toujours à l'ancre qu'on levoit & remétoit plusieurs fois le jour.

Nous arrivâmes à la fin à la vûë de la terre, mais comme elle étoit inconnuë, il n'y eut que la necessité où nous étions d'avoir de l'eau, qui nous détermina à en aprocher, on envoya le Canot devant, conduit par notre second Capitainepour tâcher de découvrir où nous étions, & plus nous aprochions plus nous étions persuadez que cette Isle n'étoit habitée que par des Sauvages, ce qui nous le faiſoit croire ain[illegible] eſt que nous y voyons pendant [illegible] nuit de grands feux allumez, cepe[illegible] dant il n'y avoit pas plus de [illegible] heures que le Canot étoit par[illegible] que le vent devint bon, notre pre[illegible] mier Capitaine ne jugeant pas à pr[illegible] pos de perdre cette occaſion d'ava[illegible] cer chemin, fit tirer un coup [illegible] canon pour avertir le Canot de [illegible] venir rejoindre, & fit en même te[illegible] lever l'ancre pour continuer no[illegible] route, eſperant que le Canot aya[illegible] entendu le ſignal ſe hâteroit de [illegible] venir, mais on ſe trompa, car [illegible] ſecond Capitaine ayant pris ce co[illegible] de canon pour un coup de tonner[illegible] continua ſa route vers la terre ét[illegible] loin de nous de plus de trois lieu[illegible] & le vent ayant bien-tôt quitté no[illegible] remimes à l'encre pour attendre [illegible] tre Canot que nous ſouhaitions [illegible] de revoir, il nous cauſa une lon[illegible] impatience, le vent lui étoit en[illegible] rement contraire, & la mer [illegible] une agitation extraordinaire [illegible] avoit tout ſujet de craindre pour [illegible] nous n'ûmes la joie de le revoir [illegible] le lendemain matin, & l'on remi[illegible] même tems la Chaloupe en mer [illegible] aller faire de l'eau à cette Isle que nous croyons être l'Isle de Ste Roze.

Nous restâmes là trois ou quatre jours à l'encre attendant un vent favorable, & pendant ce temps notre second Capitaine qui étoit parti dans la Chaloupe, n'ayant pû trouver d'eau douce dans cette Isle, fit creuser un trou sur le bord de la mer, où il trouva de l'eau douce dont il fit emplir quelques barils qu'on apporta dans notre Vaisseau, ce qui nous fit bien plaisir car nous commencions d'en manquer entierement ; le vent changea & devint favorable, on leva l'encre & nous remîmes à la voille & continuâmes notre route, quelques jours aprés avoir repris le large nous découvrîmes l'Isle Dauphine, & en même temps un Brigantin qui venoit à nous, comme nous n'attendions de là que des amis cette vûë nous causa beaucoup de joie, esperant aprendre par ce moyen des nouvelles de la Nouvelle Orleans, notre esperance ne fut pas vaine, nous eûmes le plaisir de voir aborder ce Brigantin, dont le Capitaine étoit ami des nôtres, il demanda à nous saluer, & ce fut de lui que nous aprimes des premiéres nouvelles du Révérend Pere de Beaubois qui nous attendoit avec impatience, que notre logement étoit tout disposé pour nous recevoir, en attendant que notre Monastére fût achevé de bâtir, je vous assure, mon chere Pere, que ce fut là la premiere joie exterieure que nous ayons goûtée depuis notre embarquement, elle nous fut si sensible qu'elle nous fit oublier toutes les fatigues passées.

Nous continuâmes accompagnées du Brigantin vers l'Isle Dauphine où nous mouillâmes dans l'intention d'y faire encore de l'eau, mais le vent étant devenu favorable, on remit la voille & reprîmes notre chemin vers la Balisse où nous arrivâmes à la Rade, le vingt-trois Juillet, cinq mois jour pour jour depuis notre embarquement, éloignez de Roüen environ deux mille quatre cens lieues; c'est un Port qui est à l'entrée du Fleuve du Missisipi, du côté du Soleil couchant; Monsieur Duverger est Commandant pour la Compagnie, il vint aussi-tôt à bord pour nous voir, & nous offrir sa Maison

attendant que nous puissions
des voitures de la Nouvelle
ans pour monter ce Fleuve ;
acceptâmes ce parti qui nous
offert de si bonne grace, & le
lix Fête de Sainte Anne, dé-
mes dans la Chaloupe avec une
de notre bagage le plus néces-
, Monsieur Duvergé étoit venu
prendre pour nous y conduire,
en nous en prit car le temps étoit
fort mauvais, le vent contrai-
notre Chaloupe trop chargée,
pis est nos Matelots trés-ju-
presque sans raison, nous nous
vâmes dans un péril manifeste,
dont nous n'aurions jamais pû
tirer si Monsieur Duvergé ne les
obligez de relâcher dans une pe-
Isle nommée l'Isle aux Canons,
à l'embouchure du Fleuve du
pi, & peu avancée dans la Ri-
cette Isle ne contient au plus que
acre, mais elle commande à tou-
embouchure du Fleuve, nous eû-
beaucoup de peines à y aborder,
nous ne cessions de nous enbour-
nous n'avions jamais à la vie
ndu si bien jurer que faisoient
nos Matelots, & nous courû-

mes risque de passer la nuit dans cette Isle où il y a viron une douzaine d'Ouvriers de la Compagnie qui sont ocupez à construire une espece de Fort, sous la conduite dudit Sieur Duvergé, qui envoya ses Ouvriers pour nous chercher des Pirogues à la Balisse, & fit mettre un Pavillon pour avertir à la Balisse qu'il étoit là & qu'il vouloit des Voitures, ces Pirogues sont des arbres creusez, & qui sont quelque fois assez grandes pour contenir seize personnes, les trois qu'on nous amena étoient moindres, nous fumes obligés de nous separer en deux bandes, le troisiéme Pirogue fut ocupée par Monsieur Duvergé & le Pere Doutrelo.

Ce fut de cette maniere que nous arrivâmes à la Balisse chez led. Sieur Duvergé, il nous traita tout le mieux qu'il lui fut possible, ce Monsieur est trés gracieux, & quoi que jeune & sans Femme, il méne une vie reglée & des plus solitaires, étant apliqué sans ralâche aux affaires qui lui sont confiées, nous sommes persuadez que la Compagnie a peu d'employez aussi si dignes que ce Monsieur, il y a lieu de croire, ou qu'il a des ennemis (la vraye vertu étant toûjours persecutée) ou qu'il n'est pas connu des Mrs de la Compagnie, car si il en étoit connu, il seroit sans doute plus avancé, ces Messieurs se faisant un plaisir & un devoir de récompenser le vrai merite, celui du Sieur Duvergé nous a paru digne des emplois les plus importans.

Nous restâmes chez lui jusques au vingt-neuf du même mois, attendant des nouvelles de la Nouvelle Orleans; le Révérend Pere Tartarin nous avoit devansés étant parti de la Gironde quelques jours avant nous pour nous aller annoncer au Révérend Pere de Beaubois qu'il surprit agréablement par son arrivée, notre longue navigation avoit allarmé tout le païs; & plusieurs nous croyoient perdus, le Révérend Pere de Beaubois ne tarda pas à nous envoyer une Chaloupe & des Pirogues pour nous prendre, sortant de maladie il n'étoit pas en état de venir lui-même audevant de nous, il chargea de cette commission Monsieur Massy frere de notre postulante, ce Monsieur mit ès mains de notre Révérende Mere Superieure une lettre de

Monsieur Perier, Gouverneur & Chevalier de Saint Loüis, & une de Monsieur de la Chaise, Directeur général de la Compagnie, ces deux Messieurs lui marquoient une obligeante impatience de nous voir.

La Chaloupe se trouva trop petite pour contenir notre Compagnie, il fallut se séparer, notre Révérende Mere Supérieure choisit de se mettre dans la Pirogue avec les plus jeunes de ses filles, ainsi j'en étois du nombre, accompagnez du Révérend Pere Doutrelot & du frere Crucy, le reste de nos Meres se mirent dans la Chaloupe avec Monsieur Massi & nos deux servantes, il y avoit encore une petite Pirogue pour les domestiques & ouvriers des Révérends Peres, il faut avoüer que toutes les fatigues de la Girou de n'avoient rien de comparable à celles que nous eumes dans cette petite traverse, qui n'est que de trente lieües de Riviére à monter depuis la Balisse jusqu'à la Nouvelle Orleans que l'on ne fait ordinairement qu'en six jours, nous y avons été sept ayant voulu aller de compagnie avec la Chaloupe, mais comme elle alt trop doucement, nous prîmes devant & nous arrivâmes un jour tôt que les autres, nous étions de la Balisse le jour de Saint ce & la Chaloupe n'arriva ici le jour de l'Octave : ce qui cette traverse si fatiguante, est faut Cabaner toutes les nuits, n le fait une heure avant le So couché, afin d'avoir le temps faire des berres & de souper, ce qu'aussi-tôt le Soleil couché ent des Maringouins dont on est illi, pareils à ceux que nous ons commencé de voir à la Cail- Saint Loüis, leurs camarades l'on apelle des Frapes d'abord, sont pas moins redoutables, on aperçoit plus facilement parce ils sont plus gros, quelquefois sont en si grand nombre qu'on couperoit au couteau, mais ils sont pas plus pitoyables que les ringouins, les uns & les autres quent sans misericorde & leurs pi- ures sont trés-mauvaises, le long fleuve, il n'y a point de terres tivées ce ne sont que de grands s, Sauvages uniquement habi- par des bêtes de toutes couleurs,

Serpans, Couleuvres, Scorpions, Crocodiles, Viperes, Tacqs, Crapeaux & autres qui ne nous faisoient aucun mal, quoi qu'ils nous ayent aprochez de très-prés, nous en avons vû de toutes les sortes & en grand nombre, les herbes sont si hautes en ce lieu là, qu'on n'y peut cabanner que sur les bords de la Riviére, nos Matelots pour faire nos berres fichoient des Canes en terre en forme de berceau autour d'un Matelas, & nous enfermoient deux à deux dans nos berres où nous couchions tous habilez, puis couvroient le berceau d'une grande toille, de façon que les Maringouins & les Frapes d'abord, ne pussent trouver aucun petit passage pour nous venir visiter.

Nous couchâmes deux fois au milieu de la boüe & des eaux, qui tomboient du Ciel en abondance & qui nous pénétrerent aussi-bien que nos Matelats qui nageoient presque dans l'eau, le tonnerre & l'orage ayant donné vers le milieu de la nuit, le lendemain la Pirogue ne pouvoit avancerétant elle-même aussi-bien que nos habits & nos Matelats pénetrée d'eau, dans cette occasion plusieurs de nos Meres furent incommodées, les unes gagnérent des rhumes & des fluxions, aux autres le visage & les jambes enflérent, un autre en eut une maladie considérable, pour moi quoique j'eusse également été baignée d'eau, je n'en fus nullement indisposée, nous avions encore l'incommodité dans la Pirogue, de ne pouvoir être assis, debout, ni à genoux & encore sans pouvoir branler, car la Pirogue auroit fait capot & nous aurions servi de nourriture aux Poissons, tout notre Equipage de Matelats & coffres l'emplissoient, il nous falloit être par-dessus tout cela en un petit toupin, & quand la Pirogue s'arrêtoit nous changions de situation, nous mangions du biscuit & de la viande sallée venant de la Gironde, que notre Maître de Pirogue nous faisoit cuire les soirs dans sa marmite; toutes ces petites peines fatiguent dans le temps, mais on en est bien récompensé dans la suite par le plaisir qu'on trouve à se raconter chacun ses petites avantures & l'on est surpris quand on considere la force & le courage que Dieu donne dans ces rencontres, ce qui prouve bien qu'il ne manque jamais à personne & qu'il ne permet pas que nous soyons tentez au dessus de nos forces, nous donne des graces proportionnées aux épreuves qui nous arrivent, il est vrai que le desir ardent que nous avions d'arriver à cette terre promise, nous faisoit tout endurer avec joye.

Lors que nous fumes à huit ou dix lieuës de la Nouvelle Orleans, nous commençâmes à rencontrer des Habitans, c'étoit à qui nous pouvoit arrêter pour entrer chez eux, nous étions par tout reçûs avec des acclamations de joyes, au dessus de notre attente nous trouvâmes la quantité d'honnêtes gens qui sont venus de France & du Canada s'établir dans ce Païs, on nous y promit par tout des Pensionnaires & plusieurs vouloient déja nous les livrer, notre dernier coucher fut dans l'habitation de Monsieur Massi frere de notre postulante, où nous nous trouvâmes aussi-bien que chez nous, nous contions de nous y delasser quelques jours, mais le Réverend

Tartarin étant venu nous y joindre avec Monsieur de la Chaise fils, il nous dit que le Révérend Pere de Beaubois nous attendoit le lendemain de grand matin, ainsi nous nous rembarquâmes dès trois heures du matin & nous arrivâmes à cinq heures à la Nouvelle Orleans.

Il seroit trop long & même inutile de vous exprimer, mon cher Pere, notre joye à la vûë d'une terre aprés laquelle nous aspirions depuis un si long temps & combien notre consolation fut grande en mettant pied à terre, nous trouvâmes peu de monde sur ce Port à cause de l'heure matinalle, ainsi nous nous acheminâmes sans embarras vers la maison du R. P. de Beaubois, nous le rencontrâmes bien-tôt venant au-devant de nous avec une joye non pareille, parce que le retardement de notre arrivée lui avoit causé beaucoup d'inquiétude, il aprehendoit que nous ne fussions péris sur la route, d'autant que le voyage se fait ordinairement en trois mois, quand on a le vent un peu favorable & que nous y avons été cinq à cause des vents contraires, il nous conduisit chez lui, où aprés nous être un peu reposez & entretenus avec lui, il nous fit servir un trés beau déjeuner qui fut interrompu par un grand nombre de ses amis, qui nous vinrent saluër & de compagnie nous amenérent chez nous sur les dix à onze heures du matin.

C'est une maison que la Compagnie loüe quinze cens livres par an pour nous loger en attendant que notre Monastere soit achevé de bâtir, elle est directement au bout de la Ville & la Maison qu'on nous bâtit à l'autre bout. Nous ne comptons prendre possession de notre Monastere & de l'Hôpital que dans un an ou peut-être plus : car les Ouvriers ne sont pas ici si communs qu'en France, d'autant plus que l'on veut nous bâtir à demeure & que notre Maison soit toute de bricques; en attendant on nous bâtit actuellement un petit logement dans notre résidence pour y instruire les externes & y loger des Pensionnaires, le Propriétaire de la Maison fournit le bois & nous les Ouvriers, il y a déja plus de trente Pensionnaires qui demandent avec instance à y être

eçûës tant d'ici que de la Balisse &
les environs, les Peres & Meres sont
ansportez de joye de nous voir, di-
nt qu'ils ne se soucient plus de reourner en France puisqu'ils ont ici
equoi procurer l'éducation à leurs
illes, cette bonne disposition des
abitans les rend attentifs à ne nous
isser manquer de rien, & c'est à
ui nous envoira le plus, ce qui nous
harge d'obligations presque envers
out le monde.

Nous avons sur tout pour nous
onsieur Paris Commandant &
adame son Epouse, qui sont des
ersonnes plaines de mérite & d'u-
aimable societé, ce Monsieur
'est acquis en trois mois l'estime de
out le Païs, aussi ne peut-on trou-
er à reprendre sur sa conduite, ne
'appliquant qu'à rendre justice &
ortant les interêts de la Compagnie
'une maniére si douce & si insinuan-
e qu'il a presque appaisé les trou-
les & la désunion qui étoit dans
ette Ville, il a établi par tout une
olice bien réglée, il déclare la guer-
e au vice, il fait chasser tous ceux
ui menent une vie scandaleuse, il
a punition corporelle pour les fil-
es de mauvaise vie, les Procès s'y

terminent en trois où quatre jours, on y pend & roue pour le moindre vol, le Conseil est Souverain. Il n'y a point d'Apel, l'on y amene des Illinois de quatre cens lieues loing, cela n'empêche pas qu'il y ait dans ces lieux des justices, mais on en apelle à celle-ci.

Nous recevons aussi beaucoup de gracieuseté & de prévenance de la part de Monsieur de la Chaise, Directeur général de la Compagnie, il ne nous a encore rien refusé de ce que nous lui avons demandé.

Nous avons tout lieu d'esperer que notre établissement procurera la gloire de Dieu, & qu'avec le temps il produira de grands biens pour le Salut des Ames, tel a été notre principal but, si l'on sçavoit combien il est doux de souffrir pour JESUS-CHRIST, dans l'esperance de lui gagner des Ames qu'il a rachetées au prix de son Sang, je ne doute nullement qu'un grand nombre de saintes Filles Religieuses ne suivissent notre exemple, & ne s'offrissent à l'établissement du Convent de notre Ordre qu'on poura faire comme je l'ai marqué à la Caille Saint Loüis, ou du moins ne viennent volontiers nous joindre ici par la suite nous avons encore besoin de quelques Religieuses pour nous aider à instruire & convertir ces pauvres Sauvages ; que la longueur & les fatigues du voyage ne dégoute personne, si l'on sçavoit combien le Seigneur récompense magnifiquement ce que l'on fait pour lui, l'on conteroit tout cela pour rien ou pour trés-peu de chose, je sçai par ma propre expérience que le Seigneur se plaît à faire éclater la force de son bras dans les sujets les plus foibles.

Depuis le lendemain de notre arrivée nous avons la Messe ici tous les jours par le Révérend Pere de Beaubois, & il y eut hier vingt-six Octobre trois semaines que nous avons le Saint Sacrement dans le Tabernacle que nous avons fait faire ici ; qu'il soit adoré, aimé, glorifié, & respecté par toute la terre, & nous donne à tous sa Sainte Bénédiction.

J'ai l'honneur d'être avec tout le respect possible.

MON CHER PERE,

Vôtre trés-humble & trés-obéïssante Fille & servante MARIE MADELAINE HACHARD de Saint Stanislas.

APPROBATION.

J'Ai lû par l'Ordre de Monsieur le Lieutenant Général de Police, la *Relation du Voyage des Dames Ursulines de Roüen, à la Nouvelle Orleans*; je n'y ai rien trouvé qui puisse en empêcher l'impression, à Roüen le 10. Juin 1728.

LE GROS.

Vû l'Approbation du Sieur le Gros, permis d'imprimer à Roüen, ce 10. Juin 1728.

DE HOUPEVILLE.

LETTRE
DE LA NOUVELLE ORLEANS,

Ce premier Janvier 1728.

MON CHER PERE,

Je viens d'apprendre que le Vaisseau nommé les deux Freres va partir pour aller en France, je profite de cette occasion pour vous souhaiter, ainsi qu'à ma chere Mere, Freres & Sœurs, une bonne & heureuse année, je prie chaque jour le Seigneur qu'il vous conserve en parfaite santé. Vous devez avoir reçû un pacquet de mes Lettres, avec une Relation de tout notre Voyage, que je vous envoyai le vingt sept Octobre dernier par le Vaisseau nommé le Prince de Conty, vous me recommandez dans toutes les vôtres de ne laisser échaper aucune occasion sans vous écrire

c'eſt mon devoir, je vous obéis; j'...
ſoin d'y ſatisfaire exactement.

Toute notre Communauté eſt en ...
faite ſanté, nous avons à preſent ...
ſionnaires, il nous en va venir enco...
tant aprés les Rois, & nous inſtruiſo...
nombre d'externes.

L'on travaille fortement à notre ...
Monſieur Perier, notre Comma...
toujours affectionné à tout ce qui ...
nous procurer de la ſatisfaction, ...
met de nous y loger avant un an, ...
nieur vint hier nous en montrer le ...
nous ne deſirons rien tant que de ...
en cette maiſon, afin d'être auſſi oc...
à l'Hôpital à ſervir les malades, car ...
aprenons tous les jours que c'eſt la ...
grande pitié du monde de voir le ...
arrangement qu'il y a, que la plus g...
partie des malades meurent faute de ...
cours.

L'intention de Monſieur le Comm...
dant & des principaux Habitans de ...
Ville, eſt que nous prenions auſſi les ...
& les Femmes de mauvaiſe conduite ...
n'eſt point encore déterminé de nôtre ...
té, mais l'on nous fait entendre que ...
roit un grand bien pour la Collonie ...
pour cela on ſe propoſe de nous faire ...
un appartement exprés au bout de ...

clos pour y renfermer ces gens-là.
Nous tenons aussi une classe pour instruire les Filles & Femmes Négres & Sauvagesses; elles viennent tous les jours depuis une heure aprés-midi jusques à deux & demie, vous voyez, mon cher Pere, que nous ne sommes pas inutiles en ce pays, je vous assure que tous nos momens sont contez & que nous n'en avons pas un à nous, nous nous sommes chargez depuis peu d'une petite orpheline qui étoit à servir dans une maison où elle n'avoit pas de trés-bons exemples, c'est encore l'intention du Révérend Pere de Beaubois que nous nous chargions des petites orphelines par charité, & il nous dit pour nous y engager qu'il se charge lui & Monsieur Perier de tous les orphelins.

Enfin nous sommes déterminez à ne nous épargner en rien à tout ce qui pourra être pour la plus grande gloire de Dieu, je suis quelquefois employée aux externes, je ne puis vous exprimer le plaisir que je trouve à instruire ces petites ames & leur aprendre à connoître & aimer Dieu, je prie le Seigneur qu'il me face la grace d'y bien réussir.

Dans quelques années nous pourrons avoir besoin qu'il nous vienne encore quelques filles de France, suposé qu'il ne nous foit pas possible de subvenir à tout, qu[...] nous en aurons absolument necessité [...] en demanderons.

Nôtre Révérende Mere Superieu[...] toûjours pour moi mille bontez, elle vo[...] saluë ainsi que la Mere Saint François X[...]vier que vous avez vuë à Roüen.

Toute nôtre Communauté est d'un co[...]tentement qu'on ne peut exprimer, no[...] allons suivre tout à la fois les fonctions [...] quatre différentes Communautez, celle[...] Ursulines, c'est nôtre premier & prin[...] Ordre, celle d'Hospitaliere, celle de S[...] Joseph & celle du Refuge, nous tâche[...] de nous en acquiter le plus fidelle[...] qu'il nous sera possible.

Je vous supplie de me croire avec [...] trés-sincere & trés-respectueux attach[...]ment;

MON CHER PERE,

Vôtre trés-humble & trés-obéïssa[...]
Fille & servante HACHA[...]
de Saint Stanislas.

LETTRE

LA NOUVELLE ORLEANS,

Ce vingt-quatriéme Avril 1728.

MON TRES-CHER PERE,

J'ay reçû avec bien du plaisir les ux Lettres, que vous avez eu la onté de m'écrire, dattée des dou- & vingt Aoust 1727. vous me emandez une explication de l'état Pays, la situation de nôtre Vil- & enfin tout ce qu'on peut ap- endre de ses lieux ; mais j'espére oir suffisamment prévû à votre tention, par la Relation exacte s petites avantures de tout notre oyage & de notre arrivée ici, que vous ai envoyée au mois d'Octo- e 1727. & par plusieurs Lettres ue j'ay eu l'honneur de vous crire.

A

Je croi vous avoir marqué qu
notre Ville nommée la Nouvell
Orleans, Capitale de toute la Lou
siéme, est située sur le bord du Fle
ve nommé le Missisipy du côté d
l'Orient, il est en cet endroit plu
large que n'est la Riviere de Sein
à Roüen, de notre côté de ce Fleu
ve il y a un talut bien conditio
né, pour empêcher le débordemen
du Fleuve dans la Ville, & le to
de ce talut, du côté de la Ville,
un grand fossé pour écouler l
eaux qui y descendent, avec des p
lissades de charpente pour la fe
mer.

Et de l'autre coté de ce Fleuv
ce sont des bois sauvages dans l
quels il y a quelques petites Cavern
où logent les esclaves de la Com
pagnie des Indes; vous voyez par
que la Carte de l'état de la Lou
sienne, dont vous me marquez av
fait achapt, dans laquelle la Vil
de la nouvelle Orleans y est repr
sentée être située sur le bord d'un l
nommé Pontchartrain, éloignée d
six lieuës du Fleuve du Missisip
n'est pas exacte, car notre Ville n
certainement pas située sur le b

d'un lac ; mais bien sur le bord du fleuve même du Missisipy, il est vray que toute la force de ce Fleuve ne passe pas par ici, car audessus de notre Ville, il se sépare & forme trois bras de Riviere qui se rejoignent audessous, & se vont décharger avec rapidité dans le Golfe du Mexique.

Notre Ville est fort belle, bien construite, & régulierement bâtie, autant que je m'y peux connoître, & que j'en ai vu le jour de notre arrivée en ce pays ; car depuis ce jour-là, nous avons toujours resté dans notre Cloture, quoi qu'avant notre arrivée l'on nous en avoit donné une trés-mauvaise idée, il est vrai que ceux qui nous parloient ainsi n'y étoient pas venus depuis quelques années, qu'on a travaillé & qu'on travaille encor actuellement à la perfectionner.

Les ruës y sont trés-larges & tirées au cordeau, la grande ruë a prés d'une lieuë de longueur, les Maisons fort bien bâties en Collombage & mortier, blanchies en chaud, lambrissées & percées toutes à jour, les dessus des Maisons sont couvertes de bordeaux, qui sont de petites planches taillées en forme d'ardoise, il faut le sçavoir pour le croire, car cette couverture à toute l'apparence & la beauté de l'ardoise, il suffit de vous dire qu'il se chante ici publiquement une chanson, dans laquelle il y a que cette Ville a autant d'apparence que la Ville de Paris, ainsi c'est tout vous dire.

En effet elle est trés-belle, mais outre que je n'ai pas assez d'éloquence pour pouvoir vous persuader toute la beauté qu'en dit la chanson, c'est que je trouve de la difference entre cette Ville & celle de Paris, elle pouroit persuader gens qui n'auroient jamais vu cette Capitale de France, mais je l'ai vuë & la chanson ne me persuadera pas du contraire de ce que j'en pense, il est vrai qu'elle s'agrandit journellement, & pourra devenir par la suite aussi belle & grande, que les principales Villes de France, si il y vient encor des ouvriers, & qu'elle devienne peuplée à proportion de sa grandeur.

Les Femmes ignorentes pour leur salut, ne le sont pas pour la vani-

le luxe qu'il y a dans cette Vil-
[illegible] qu'on n'y distingue personne,
[illegible] est d'une égale magnificence ;
[illegible] plûspart sont réduites à ne vivre
[illegible] leur famille que de Saganité,
[illegible] est une espece de bouillie &
[illegible] vétuës d'étoffes de velours ou
damas remplies de rubans, non-
[illegible] la charté, car les étoffes se
[illegible] régulierement en ce pays
[illegible] fois plus qu'en France, les
[illegible] portent icy, comme ail-
[illegible], du blanc & du rouges pour
[illegible] les rides de leur visage, avec
[illegible] mouches ; enfin le démon pos-
[illegible] icy un grand empire ; mais ce-
[illegible] nous retire pas l'espérance
[illegible] détruire, Dieu aimant, com-
[illegible] en est une infinité d'exemples,
[illegible] paroître sa force dans no-
[illegible] foiblesse, plus l'ennemi est puis-
[illegible] plus nous sommes encoura-
[illegible] à le combatre, ce qui nous fait
[illegible] est la docilité des enfans que
[illegible] tourne comme l'on veut, les
[illegible] sont aussi faciles à instrui-
[illegible] quand une fois ils sçavent par-
[illegible] François, il n'en est pas de mê-
[illegible] des Sauvages, qu'on ne Bâtise
[illegible] en tremblant à cause du penchant

qu'ils ont au peché, sur tout les femmes, qui sous un air modeste cachent des passions de bête.

Nôtre résidence depuis notre arrivée ici, est dans la plus belle maison de la Ville, elle est à deux étages & audessus une mensarde, nous y avons tous les appartemens necessaires, six portes pour entrer aux appartemens de bas, il y a partout de grandes croisées, cependant il ny a pas de vîtres, mais les chassis sont tendus de toilles fines & claires, qui donnent autant de jours que du verre.

Elle est située à un bout de la Ville, nous y avons une basse cour & un jardin, qui sont bornez & se joignent d'un coté & d'un bout à de grands Arbres sauvages, d'une hauteur & grosseur prodigieuse, ce qui nous procure dès premiers la visite d'un nombre infini de Maringouins, de Frappes-d'abord, & d'une autre espéce de Mouches ou Bibets avec lesquels je n'ay pas encor fait connoissance, & ne les connois par nom ny par surnom, mais seulement de vûë, il y en a dans ce moment plusieurs qui voltigent au

[illegible] de moy & voudroient m'aſſa-
[illegible]ner.

[illegible]es méchans animaux piquent [illegible] miſericorde, nous en ſommes [illegible]illis les nuits, & heureuſement [illegible]elles ne paroiſſent que le ſoir [illegible]és le Soleil couché, juſques au [illegible]demain au lever du Soleil qu'el-[illegible]e retirent dans les bois, ce qui [illegible] oblige les nuits de bien clore [illegible] portes & fenêtres, autrement [illegible] ne manqueroient pas de nous [illegible] viſiter dans nos lits, & quel-[illegible] précaution que nous prenions [illegible] ne pouvons nous exempter de [illegible]ter leurs marques.

[illegible]a Maiſon que l'on nous bâtit eſt [illegible]ée à l'autre extrêmité de la Vil-[illegible] le Révérend Pere de Beaubois & [illegible]génieur de la Compagnie qui en [illegible]duiſent le deſſein, ſuivant l'idée [illegible] nous leur en avons donnée, [illegible] en font ſouvent voir le plan, [illegible] ſera toute de brique & ſuffiſan-[illegible]our y loger une grande Commu-[illegible]té, il y aura tous les apartemens [illegible] nous pourons ſouhaiter, trés-[illegible]ulierement bâtie; bien lambriſ-[illegible] avec de grandes croiſées & des [illegible]es aux chaſſis; mais elle n'avance guére, Monsieur Perier, notre Gouverneur & Commandant, nous avoit fait espérer qu'elle seroit prête à la fin de cette année; mais les ouvriers étant trés-rares, nous serons heureuses d'y pouvoir loger & prendre possession de notre Hopital à Pâques 1729. il nous faudra alors de nouveaux secours, je prie le Seigneur qu'il nous envoye de bons sujets.

Monsieur Perier & Madame son Epouse, qui est trés-aimable & d'une grande pieté, nous font l'honneur de nous venir voir souvent; le Lieutenant de Roy est aussi un parfait honnete-homme & ancien Officier, tous nous comblent de toutes sortes de presens, l'on nous a donné deux vaches avec leurs veaux, une truye & ses petits, des poulles & des canards musquez, tout cela commence notre basse-court; nous y avons aussi des dindes & des oirs, les Habitans voyant que nous ne voulions pas prendre d'argent pour instruire nos Externes, sont pénétrez de reconnoissance & nous aides de tout ce qu'ils peuvent, les marques de protection que nous revons des principaux du pays nous ont respecter de tout le monde, mais cela ne subsisteroit pas, si nous ne soutenions par nos actions, la grande idée que l'on a de nous.

Pendant le Carême nous avons fait gras quatre jours par semaine permis par l'Eglise, & hors le temps de Carême, on ne fait maigre que les Vendredis, nous buvons de la Biere, notre nourriture la plus ordinaire est du Ris au lait, les petites Féves sauvages, de la viande & du poisson; mais en Eté nous mangeons peu de viande, l'on n'en tue que deux fois la semaine, elle n'est pas facile à conserver, la chasse dure tout l'Hyver, qui commence au mois d'Octobre, elle se fait à dix lieuës de notre Ville, l'on y prend des bœufs Sauvages en grand nombre qu'on amene ici & aux environs, nous l'achetons trois sols la livre comme le chevreüil, cette viande est meilleure que le bœuf & mouton que vous mangez à Roüen.

Les canards sauvages y sont à très-bon marché, les Cercelles, Poules-d'eau, les Oirs, & autres Volailles & Gibier y sont aussi très-communs, nous n'en achetons guére, car nous ne voulons pas nous délicater, enfin c'eſt un pays charmant tout l'Hyver, & en Eté le poiſſon y eſt commun & trés-bon, il y a des huîtres & des carpes d'une grandeur prodigieuſe qui ſont délicieuſes, à l'égard des autres poiſſons, il n'en eſt point en France de cette façon, ce ſont de grands poiſſons monſtrueux qui ſont aſſez bons, nous mangeons auſſi des melons d'eau & des melons françois, des patates qui ſont de groſſes racines que l'on met cuire dans les cendres comme des marons, cela en a le goût, mais plus ſucré, fort moilleux & trés-bon, tout ceci, mon cher Pere, eſt comme je vous le raporte, je ne vous dis rien dont je n'aye fait l'expérience, il s'y mange encor beaucoup de viande, poiſſons & légumes dont je n'ay point encor goûté, & ne puis vous marquer leur bonté.

A l'égard des fruits du pays, il en eſt beaucoup que nous ne trouvons pas trés-excellens, excepté les pêches & les figues qui y ſont en abondance, on nous en envoye des habitations une si grande quantité, que nous en faisons des confitures & de la gelée de Mure qui est trés-bonne, le Révérend Pere de Beaubois a un jardin le plus beau de la Ville, il est plein d'Orangers qui portent d'aussi douces & belles Oranges qu'au Cap François, il nous en a donné trois cens aigres que nous avons confites, Dieu mercy nous n'avons encor manqué de rien, notre Révérend Pere a soin de pourvoir à nous faire fournir notre nourriture, nous sommes bien mieux que nous n'avions crû l'être, mais ce n'est pas la notre souhait ni l'intention de notre entreprise, notre principal but est d'attirer des ames au Seigneur, & il nous accorde les graces d'y parvenir, notre Révérend Pere nous aide bien en cela, il nous dit tous les jours la Sainte Messe & nous fait des conférences publiques, si nous avions le malheur de le perdre, soit par maladie ou autrement, nous serions bien atristées & bien à plaindre.

Ce Révérend Pere nous a fait la semaine Sainte une retraite & à nos Pensionnaires, plusieurs Dames de la Ville si font renduës assiduës, elles se sont trouvées quelquefois aux Exhortations & Conférences jusqu'à prés de deux cens, nous avons eu les Leçons de Ténébres en musique & un *Miserere* chaque jour accompagné d'instrumens, notre Mere assistante, qui est Madame le Boulenger, c'est signalée en cette occasion, le jour de Pâques à la Messe & au Salut nous y chantâmes des Motets à quatre parties, & la derniere des Fêtes de Pâques nous chantâmes la Messe entiere en musique, les Convens de France, avec tout leur brillant, n'en font pas tant.

Tout cela fait un assez bon effet, & aide beaucoup à attire le Public, les uns par un commencement de dévotion, & les autres par curiosité, & toujours il s'ensuit un Sermon à la fin, car notre Révérend Pere est d'un zéle admirable, il semble qu'il ait entrepris & qu'il soit certain de convertir tout le monde; mais je vous assure, mon cher Pere, qu'il a encore beau travailler pour y parvenir, car nonseulement la débauche, la mauvai-

foy & enfin tous les autres vices gnent ici plus qu'ailleurs, mais cor avec abondance démesurée; ur ce qui est des filles de mauvaise conduite, quoi qu'on les obves de prés & qu'on les punisse erement en les mettant sur un eval de bois, & les faisant fouetde tous les Soldats du Régiment i fait la garde en notre Ville, ne laisse pas d'y en avoir plus qu'il en faudroit pour remplir un rege; l'on fait le Procez à un vour en deux jours, il est pendu ou ué, soit Blanc, Sauvage ou Néé il n'y a point de distinction, i de misericorde.

Notre petite Communauté s'acoit de jour en jour, nous avons ingt Pensionnaires, dont huit ont it aujourd'hui leur premiere Communion, trois Dames aussi Pensionnaires, & trois Orphelines que nous renons par charité, nous avons ussi sept Esclaves Pensionnaires à nstruire pour le Bâtême & la premiere Communion, avec cela un rand nombre d'Externes, & des Négresses & Sauvagesses qui viennent deux heures par jour pour être instruites, l'usage est de marier ici les filles à l'âge de douze & quatorze ans, avant nôtre arrivée l'on en avoit marié une quantité sans qu'elles sçussent combien il y avoit de Dieux, jugez du reste; mais depuis que nous y sommes, l'on n'en marie aucunes qu'elles ne soient venuës à nos instructions.

Nous sommes accoûtumées à voir des gens tous noirs, on nous a donné depuis peu deux Pensionnaires Négresses, âgées de six ans & l'une de dix-sept, pour les instruire à notre Religion, & elles resteront à nous servir; si c'étoit la mode ici que les Négresses portassent des mouches au visage, il faudroit leur en donner de blanches, ce qui feroit un effet assez drôle.

Vous voyez, mon cher Pere, que voilà dequoi exercer notre zéle, je ne puis vous exprimer le plaisir que nous trouvons à instruire toutes ces jeunesses, il nous suffit de considérer le besoin qu'elles en ont, des Pensionnaires de douze & quinze ans qui n'avoient jamais été en confesse, ny même à la Messe, élevées dans leur habitation, éloi-

...es de cinq & six lieuës de cette ...le & par conséquent sans aucun ...ours spirituel, enfin elles n'a...ent jamais entendu parler de ...n; quand nous leur disons des ...ses les plus communes, ce sont ...ur elles des oracles qui sortent ...nos bouches; nous avons la con...lation de trouver en elles beau...up de docilité & de grandes ar...urs d'être instruites, & toutes ...udroient être Religieuses, ce qui ...t pas du goût du Révérend Pere ...Beaubois, notre trés-digne Su...eur; il trouve plus à propos ...elles deviennent des meres Chré...nes, afin d'établir dans le pays ...Religion par leurs bons exemples. ...e suis toûjours trés-contente ...tre en ce pays & dans ma vo...tion, & ce qui redouble ma joye ...de voir approcher le temps de ...Profession, je ne puis vous ex...imer le plaisir que j'aurai de pro...ncer mes Vœux dans une terre ...trangére, où le Christianisme est ...esque inconnu; il est vrai qu'il ...a bien d'honnêtes gens selon le ...onde, mais il n'y a pas la moin...re apparence de dévotion, ni mê...

me de Christianisme ; que nous se- rions heureuses si nous pouvions l'y établir, avec l'aide que nous avons de notre Révérend Pere Supérieur & de quelques Religieux Capucins qui s'y employent pareillement, & y font de leur côté aussi tout leur possible, je vous assure que nous n'y épargnons rien.

Je ne puis me dispenser de vous faire part de la triste avanture ar- rivée à nos deux Révérends Peres Tartarin & Doutrelo, nos dignes conducteurs de voyage, nous venons d'aprendre, par leurs Lettres, qu'à vingt lieuës des Illinois, le Canot dans lequel étoit le Révérend Pere Doutrelo passant une Riviere à pe- ri, il se sauva en chemise à la nage, il a perdu toute sa Chapelle, ses ha- bits & tout son Equipage, il avoit fait cinq cens lieuës assez heureuse- ment, pour faire ainsi naufrage au Port, il n'arriva rien au Révérend Pere Tartarin, qui étoit dans un autre Canot, & il usa de charité, ayant deux Soutanes, il lui en don- na une, ainsi du reste.

Puisque insensiblement me voila conduite jusques aux Illinois, je vous [illegible] dirai, mon cher Pere, que le [illegible]vérend Pere Boullenger, qui y [illegible] demande des Religieuses pour [illegible]ire un établissement, il en a [illegible] pour cela à la Mere Boullen-[illegible] sa Sœur, qui lui a répondu n'a-[illegible] point encor assez de vocation, [illegible]r s'éloigner plus loin que la [illegible]uvelle Orleans, & que cela lui [illegible]rra venir dans quelques annés; [illegible] quoi qu'elle seroit trés-zélée à [illegible]loir aprendre le Christianisme [illegible] pauvres sauvages Illinois, dont [illegible] plûpart comme ceux-ci n'ont ja-[illegible] entendu parler de Dieu, j'es-[illegible] qu'elle ne nous quittera pas, [illegible] ici assez dequoi exercer sa [illegible]rité, nous ne sommes pas trop, [illegible] vous assure que nous sommes [illegible]tes occupées depuis le matin [illegible]ques au soir, nous n'avons pas [illegible] moment à nous, celui de vous [illegible]re, je le prens sur mon repos [illegible] la nuit.

Monsieur Perier, notre Com-[illegible]ndant, nous a fait faire ici il y a [illegible]elques jours une prison, pour y [illegible]acer une Dame de nos Pension-[illegible]res, qu'il nous avoit lui-même [illegible]nnée étant séparée d'avec son mary ; mais comme cette Dame commençoit à s'ennuyer au Convent & à vouloir avoir un commerce secret avec un séculier, il la fait emprisonner avec le consentement de son mary, en attendant qu'on puisse la renvoyer en France ; voilà de la maniere qu'on en use icy.

Je vous ay marqué par une de mes précédentes Lettres, que Monsieur Robert Cavelier Sieur de la Salle, natif de Roüen, étoit venu en 1676. & 1685. par ordre du Roy Loüis quatorze, en ce pays de la Louisienne, en qualité de Vice-Roy du Missisipy, avec nombre de personnes de la même Ville de Roüen, pour en faire la premiere découverte ; voilà tout ce que j'en sçavois alors, mais depuis j'en ai apris d'autres circonstances qui vous feront plaisir.

Le Roy informé de cette premiere découverte faite par Monsieur de la Salle, des Terres du Missisipy en l'année 1676. de l'estime qu'il s'étoit acquis des Sauvages, qu'il étoit aimé des Illinois, des Hurons & de la plûpart des autres Nations du Missisipy, & qu'il avoit trouvé le

oyen de se faire craindre & rester des Irroquois, Nation la
us cruelle & la plus barbare de
ute l'Amérique, puisqu'ils man-
nt les Blancs, le nomma en 1684.
ce-Roy de la Louisienne, lui
mit de lever des troupes, luy
nna quatre Vaisseaux comman-
z par le Capitaine Beaujeu, &
mbarquement se fit à la Rochel-
vers le mois de Juillet de ladite
née 1684.

Monsieur de la Salle mena quand
des ouvriers de tous métiers
r faire un établissement, six
ssionnaires Apostoliques; sçavoir
ois Ecclesiastiques & trois Reli-
ux Recolets, les Ecclesiastiques
oient Monsieur Jean Cavelier son
ere, Monsieur François de Chef-
ille son Parent, qui sortoit de
int Sulpice à Paris, & Monsieur
Amanville, qui sortoit aussi de
int Sulpice; les trois Religieux
oient les Peres Zenoble, Anasta-
& Maxime, & un grand nombre
Volontaires qui s'étoient presen-
z pour venir avec lui, tous jeu-
s gens choisis, enfans de Famille
tifs de Roüen, qui étoient entr'au-

tres les Sieurs Cavelier & Crevel du Moranger, ses Neveux, Henry de Chefdeville, Frere de l'Ecclesiastique, & Desloges, ses Parens, Oris, Bihorel, de Clere, Planterose, le Carpentier, Thibault, Tessier, le Gras, Minet, de Ville Perdry, Davault, Hurié, Tallon, Gayen, le Noir, l'Archevêque, Liotot, de Marle, Hians, Munier, Joustel, Duhault Freres, des Liettes, le Clerc, Dumesnil, Saget & beaucoup d'autres au nombre de viron deux cens cinquante, y compris cent Soldats & leurs Officiers, dont Monsieur de la Sablonniere étoit le Lieutenant, le Sieur Henry de Chefdeville, âgé de dix-huit ans, mourut de maladie dans le Vaisseau, aprés trois mois de Navigation.

Il avoit projeté d'aborder par l'embouchure du Fleuve du Missisipy; mais quelque mésintelligence qui arriva sur la route entre Monsieur de la Salle & le Sieur de Beaujeu, Capitaine du Vaisseau du Roy, occasionna qu'ils ne purent trouver cette embouchure, & Monsieur de la Salle se trouva forcé de débarquer avec sa troupe à viron cent [illegible]quante lieuës plus bas du côté de [illegible]ccident, entre ce fleuve & la Nou[illegible] Espagne, territoire de l'Amé[illegible]que, occupée par les Espagnols, [illegible] lequel il y a plusieurs mines [illegible] & d'argent, qui produisent au [illegible] d'Espagne tous les ans un pro[illegible] trés-considérable, le Sieur de [illegible]aujeau abandonna en cet endroit [illegible]onsieur de la Salle, & retourna [illegible] France avec son Vaisseau.

Monsieur de la Salle & sa trou[illegible] montérent ensuite fort avant [illegible] le païs, & aprés avoir traver[illegible] nombre de Rivieres, Forêts & [illegible]mpagnes, ils se trouvérent prés [illegible] fort des Illinois, lieu que l'on [illegible]mme aujourd'huy le petit Ro[illegible]er, sans approcher de notre can[illegible]on; il est vray qu'en ce temps-là [illegible] n'y avoit point ici de Ville de [illegible] Nouvelle Orleans, c'étoit un lieu [illegible]ert & champêtre, jusques au [illegible]mps de la Régence de Monsieur [illegible] Duc d'Orleans, qu'on a jetté les [illegible]remiers fondemens de cette Ville, [illegible] c'est à ce sujet qu'on la nommée [illegible]a Nouvelle Orleans, & n'a eu ap[illegible]parence de Ville que depuis l'année [illegible]723. qu'on y a travaillé autant qu'on a pû trouver des ouvriers.

Revenons à Monsieur de la Salle, comme ce brave Capitaine sçavoit se faire craindre, & estimer des Sauvages, il sembloit que tout favorisoit assez son entreprise; mais au mois de Mars 1687. un jour qu'il se disposoit à envoyer Monsieur Cavelier Prêtre son Frere en France, pour informer le Roy de l'état de son entreprise, il fut assassiné par le complot funeste de cinq de ses gens, par une espece de jalousie, le crime de Duhault, qui lui donna le cruel coup de mort, ne demeura pas impuny, car peu de temps aprés, Hians luy reprochant sa perfidie, le tua & les quatre autres complices sont depuis morts malheureusement dans ce pays, n'ayant osé repasser en France.

Aprés que cette troupe eut perdu ce brave Capitaine, qui avoit seul la connoissance du pays, elle se trouva également désorientée & désolée, & ce dispersa, Monsieur Cavelier Prêtre, le Sieur Cavelier son Neveu, âgé de seize ans, le Pere Anastase, Recolet, & les Sieurs Joustel & Tessier, résolurent de reourner en France, & passant au Village des Accanas, ils y trouvérent une Habitation dans laquelle étoient les nommez Couture, charpentier, & Delaunay, cuisinier, tous deux natifs de Roüen, que Monsieur Tonty, Commandant lors le Fort de Saint Loüis chez les Illinois, avoit laissez dans ce poste pour le garder, & ils prirent ensuite la route du Canada, passerent par le Fort-Loüis, Mont-Real, & Quebec, où ils s'embarquérent pour retourner en France.

Les Sieurs Desloges, Oris, Thibault, le Gras, Liotot & le Carpentier, furent tuez par les Sauvages, & le reste de la troupe se retira aussi chacun de leur côté, excepté Monsieur de Chefdeville, Prêtre Missionnaire, qui resta au même lieu du Rocher, jusques au mois d'Avril 1688. qu'il avança du côté des Illinois, vers les Irroquois, où il batisa & convertit grand nombre d'ames à Dieu, puis il est décédé dans un Village en odeur de Sainteté, pour être couronné dans le Ciel en récompense du zéle ardent qu'il a fait paroître pour le salut des ames de ses pauvres Sauvages, ayant été un des premiers qui a eu la consolation d'ouvrir le Ciel aux premiers Chrétiens & Sâints de cette Nation.

C'est ainsi que la noble & glorieuse entreprise de Monsieur de la Salle a échoüé, & sans cette perfidie, il auroit découvert dès ce temps-là tout le pays du Missisipy, auquel il avoit donné le nom de la Loüisienne, & il y auroit eu une infinité de Familles qui seroient venus de France & du Canada s'y établir & y planter la Foy, un de ceux qui étoit de la Compagnie de Monsieur de la Salle au Rocher, nommé Desliettes, qui resta au même lieu du Rocher, & qui n'y est mort que depuis deux ans, à rapporté cecy de la maniere que j'ai l'honneur de vous le marquer, voilà tout ce que j'en ai pû aprendre.

Votre Ville de Roüen ne se glorifie-t'elle point, mon cher Pere, de l'honneur qu'elle a que ça été Monsieur de la Salle & sa Compagnie, presque tous gens natifs de cette Ville, qui ont fait la premiere découverte du Missisipy, Monsieur de Chefdeville, Prêtre Missionnai-

Missionnaire, qui y a planté des premiers la Foy, & enfin aujourd'huy les Religieux & Religieuses Ursulines de la même Ville, qui travaillent de tout leur possible à l'instruction & salut des ames de ses pauvres Sauvages ; voilà dequoy exalter vos Citoyens, & les engager d'aller encor à la découverte des autres Terres inconnuës, & d'y porter le Christianisme ; je ne sçay si c'est à cette occasion ou autrement que les Sauvages de la Louisienne font tant d'estime des Normands, ils considérent cette Province plus qu'aucune des autres, & les reconnoissent capables de réüssir dans toutes leurs entreprises ; si on leur parloit des Conquêtes des Ducs de Normandie, les bravoures des Normands à la Terre Sainte lors des Croisades, leurs Conquêtes du Royaume d'Angleterre & autres, ils en seroient encor bien autrement convaincus ; mais nous ne sommes pas icy pour cela, si ils les veulent sçavoir qu'ils s'en informent à d'autres, ou lisent les Histoires.

Je serois curieuse de sçavoir, & je vous prie de vouloir bien vous informer de quelle famille étoit ce Monsieur François de Chefdeville, Prêtre Missionnaire, j'ay entendu dire plusieurs fois à mon Grand-Pere & à notre Cousin Autin, Capucin, que nous étions parens de Monsieur Chefdeville, Marchand à Roüen, lequel avoit, je croy, deux fils Religieux Capucins & une fille Religieuse à Saint François, je croi que c'est elle que j'ai l'honneur de connoître, elle étoit la Mere Vicaire quand j'ay party de Roüen, nous pourrions être de la même famille, il vous est facile de le sçavoir du Révérend Pere Autin, Prieur des Religieux de Saint Antoine, si il est encor vivant, où consulter la Généalogie que vous avez de notre famille, si nous sommes alliez, ce doit être du côté de Monsieur Autin, ou de Monsieur Dumontier, vivant Maîtres des Comptes, & si cela est comme je le pense, d'avoir la bonté de me le mander par la premiere de vos Lettres, car je souhaiterois bien être allié de ce Saint Missionnaire, étant obligé de faire du bien plûtôt à ses parens qu'à autres, j'espérerois avoir plus de part aux Saintes Prieres qu'il fait au Seigneur dans le Ciel.

Vous trouverez cy-joint une Lettre que notre trés-Révérende & aimable Mere Superieure vous écrit, vous assure, mon cher Pere, qu'elle toujours, ainsi que toutes nos Meres, mille & mille bontez pour moy, il ne m'est pas possible de vous les exprimer, je ne puis me lasser de vous dire que plus je vais en avant, plus je me trouve heureuse d'avoir écouté la voix du Seigneur, lorsqu'il m'appelloit à une si sainte Vocation, je souhaiterois que toutes mes Sœurs prissent le même party ; je suis réjouie d'apprendre que ma Sœur Elizabeth continuë de rester à Saint François avec ma Sœur la Religieuse, plus elle y restera mieux elle s'y trouvera ; car dans la Religion, il semble quelle ne represente à nos yeux que des épines, mais aprés en avoir fait l'expérience, ces épines se trouvent changées en roses ; à l'égard de ma Sœur Louison, je prie chaque jour le Seigneur de me faire la grace d'apprendre par votre premiere Lettre sa Profession au Val de Grace, ce sera pour moy une vraye joye.

J'avois écrit cette Lettre jusques à cet endroit, afin, mon cher Pere, qu'elle fut prête à vous l'envoyer dans le premier Bâtiment qui partiroit pour France ; mais n'en étant point parti, & cejourd'hui 8. May 1728. apprenant qu'il y en a un prêt à mettre à la Voille je l'acheve presentement ; je n'ai rien de nouveau à vous marquer, sinon que j'ai eu depuis plusieurs jours quelques accès de fiévre, je pris hier, pour m'en guérir, de l'émétique, c'est la médecine ordinaire de ce pays.

Nôtre Révérende Mere & chére Supérieure est toujours indisposée, & nos autres Meres se portent parfaitement bien, elles m'ont toutes chargée de vous assurer de leurs civilitez.

Nous sommes débarassées de la Dame dont je vous parle cy-dessus être prisonniere chez nous, un Conseiller de ce pays s'étant échapé de dire qu'il la vouloit bien prendr chez lui, Monsieur Perier, notre Commandant, l'a fait conduire en sa maison, & la chargé de cette garde.

Je prie tous les jours le Seigneur qu'il vous conserve tous en parfaite santé, & suis du plus profond de mon cœur trés-respectueusement,

MON CHER PERE,

Vôtre trés-humble & trés-obéïssante Fille & Servante HACHARD de Saint Stanislas.

Permis d'Imprimer à Rouen ce 1. d'Octobre 1728.
DE HOUPEVILLE.

www.ingramcontent.com/pod-product-compliance
Ingram Content Group UK Ltd.
Pitfield, Milton Keynes, MK11 3LW, UK
UKHW012044240726
13965UKWH00003B/1024

9 782013 059220